# Diccionario en imágenes

## Santillana

EL PICTODICCIONARIO, Diccionario en Imágenes, es una obra colectiva concebida, diseñada y realizada por el Departamento de Lexicografía de la Editorial Santillana.
En su realización han intervenido:

**Texto y asesoría lingüística:** MARÍA DEL PILAR BLÁZQUEZ GALAUP.

**Ilustraciones:** FERNANDO SANGREGORIO, RAMÓN TEJA y BENJAMÍN GARCÍA.

**Cubierta:** FERNANDO SANGREGORIO.

**Diseño gráfico:** ROSA MARÍN y TERESA PERELÉTEGUI.

**Coordinación artística:** PEDRO GARCÍA.

**Dirección artística:** JOSÉ CRESPO.

**Composición de la sección Diccionario:** JOSÉ MORAL.

**Corrección:** PILAR PÉREZ PARDO.

**Dirección técnica:** FRANCISCO ROMERO.

**Dirección editorial:** CELIA MOYANO y ANA SILVENTE.

© 1995 by SANTILLANA, S. A.
Elfo, 32 - 28027 Madrid

Printed in Spain
Impreso en España por Orymu, S. A.
Pinto (Madrid)

ISBN: 84-294-4545-5
Depósito legal: M-33444-1997

# Índice

# INTRODUCCIÓN

Este Pictodiccionario (*picto*: pintar, representar; *diccionario*: libro que recoge y explica palabras ordenadas alfabéticamente) está pensado para los lectores de los primeros años de la enseñanza, con la intención de que adquieran una comprensión inicial de los términos por la lectura de la imagen. Para conseguirlo, el libro se divide en dos partes: un **VOCABULARIO VISUAL** y un **DICCIONARIO**.

## VOCABULARIO VISUAL

Se presenta en 82 páginas ilustradas a todo color que permiten adquirir sin dificultad la comprensión de unas 1.500 palabras que se refieren a objetos, seres vivos, cualidades o acciones. Las palabras están unidas a la imagen con una flecha. Los nombres, verbos y adjetivos que contiene el diccionario están representados por tres tipos diferentes de dibujos. Se ha elegido una técnica por ordenador que produce una imagen en relieve; así se puede ver hasta el mínimo detalle con claridad.

## DICCIONARIO

Se presenta en 54 páginas que ayudan a los niños a comprender el significado de las palabras que han identificado en el vocabulario visual. Por eso:
• En el diccionario aparecen sólo las palabras que tienen su correspondiente dibujo.
• En las definiciones se ha empleado un lenguaje claro y sencillo basado en **descripciones**, **contrarios**, **situaciones**, **localizaciones** o en el **uso** del objeto cuyo nombre se está explicando.
El diccionario no incluye categorías gramaticales ni un segundo significado de las palabras que lo tienen. Sólo se da el significado que la palabra tiene en el dibujo.
Los *temas* y la *selección léxica* son los contenidos en los planes de estudio para este nivel.
La obra incluye 17 temas que se desarrollan en 72 subtítulos.

## DOS PERSONAJES: PIC Y PAC

¿Quiénes son PIC y PAC? Son dos personajes creados para los niños lectores de esta obra. Aparecen de manera casi continua en las páginas del vocabulario visual.
Se les puede encontrar al pie de cada página, dentro de tiras de color. Representan acciones y dan a entender con sus gestos y posturas el significado de las palabras. Así se presentan 250 acciones que el lector comprende y que se pueden utilizar de muchas maneras diferentes: para adquisición de vocabulario, para ejercitar el uso del diccionario, para realizar juegos dramáticos y narraciones orales y para otras actividades de lenguaje.

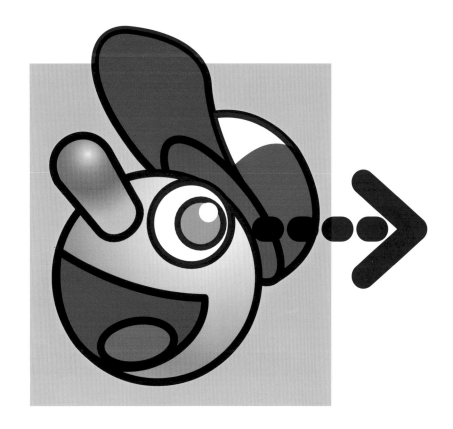

# VOCABULARIO
## VISUAL

## Partes del cuerpo

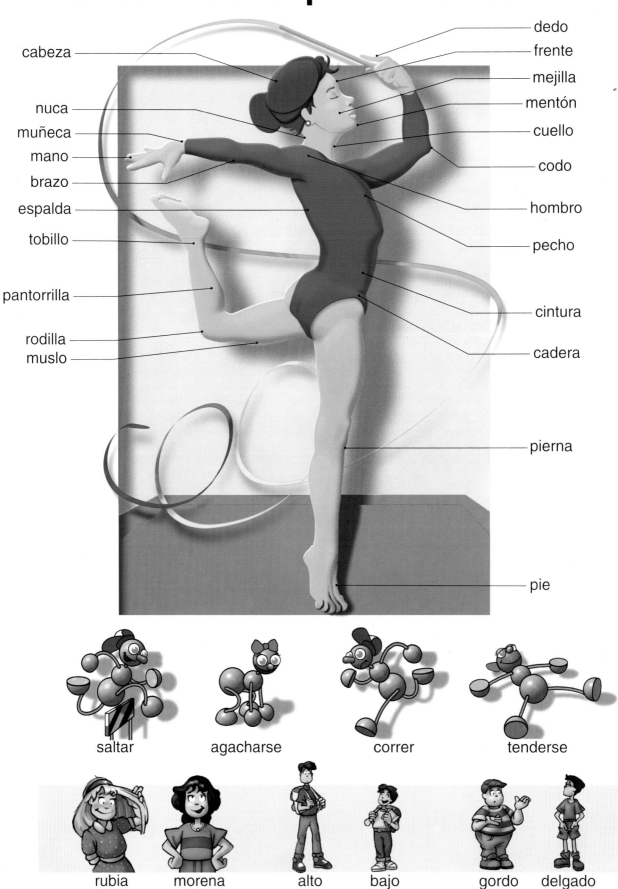

cabeza

nuca
muñeca
mano
brazo
espalda
tobillo

pantorrilla

rodilla
muslo

dedo
frente
mejilla
mentón
cuello
codo

hombro

pecho

cintura

cadera

pierna

pie

saltar     agacharse     correr     tenderse

rubia     morena     alto     bajo     gordo     delgado

# El esqueleto y los músculos

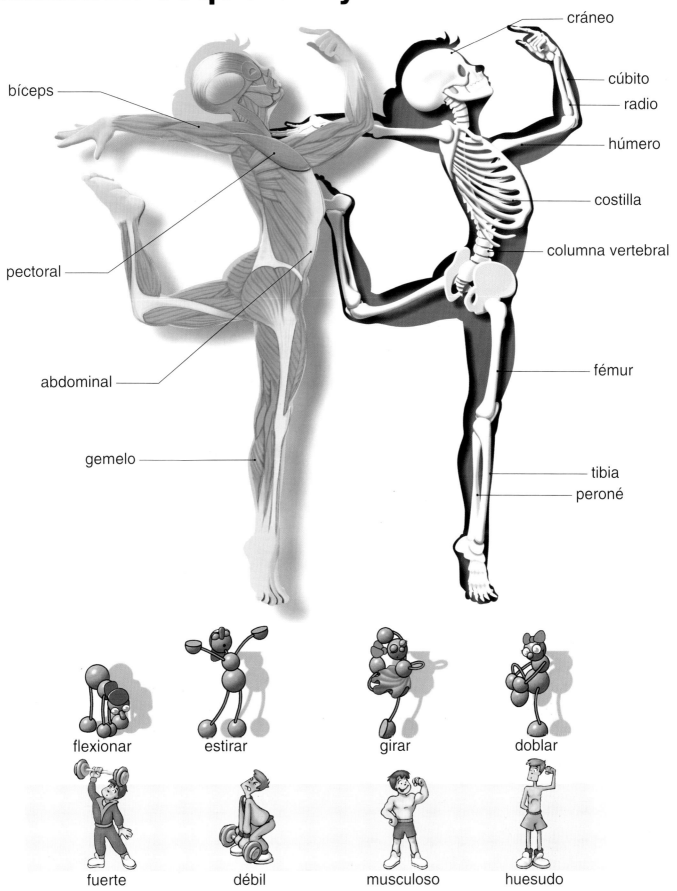

cráneo

cúbito

radio

húmero

costilla

columna vertebral

bíceps

pectoral

abdominal

gemelo

fémur

tibia

peroné

flexionar

estirar

girar

doblar

fuerte

débil

musculoso

huesudo

# Los sentidos

sentido del oído

oído

oreja

sentido del olfato

nariz

fosas nasales

sentido del tacto

piel

tocar    comer    ver    oír    oler

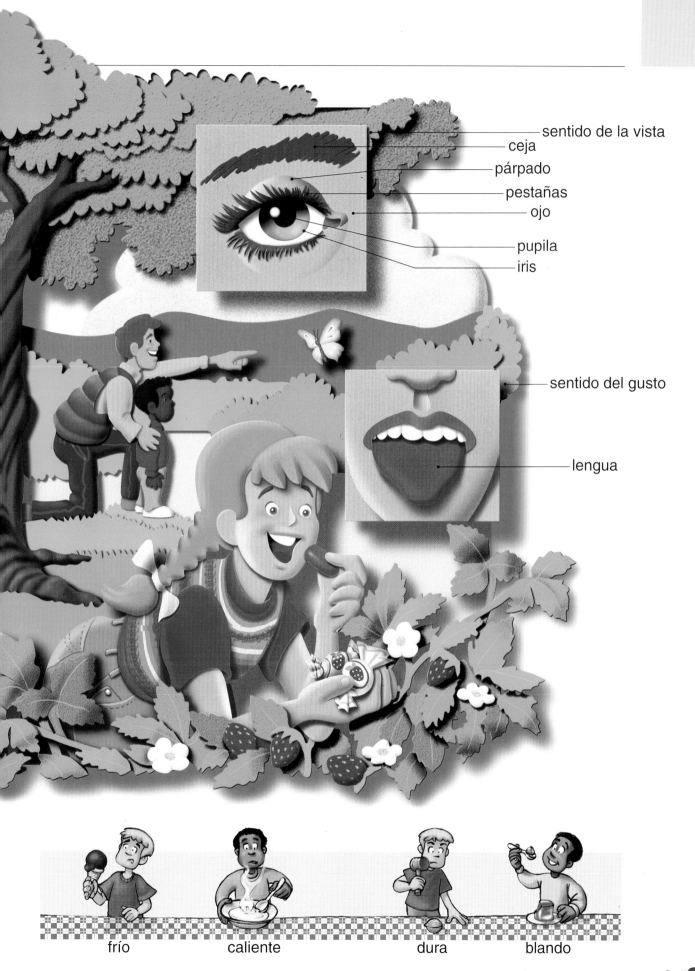

sentido de la vista

ceja

párpado

pestañas

ojo

pupila

iris

sentido del gusto

lengua

frío

caliente

dura

blando

# LA FAMILIA
## Una familia

padre

madre

tío

tía

abuelo

abuela

hijo

primo

hermana

| | | | |
|---|---|---|---|
| quererse | gritar | reír | llorar |

| | | | | | |
|---|---|---|---|---|---|
| joven | vieja | contenta | triste | tranquilo | inquieto |

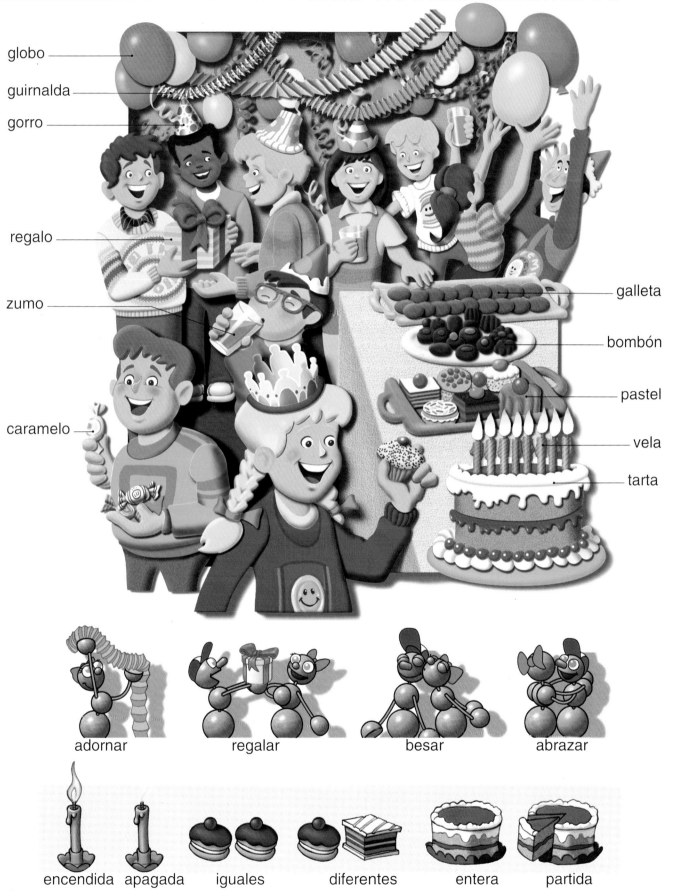

globo

guirnalda

gorro

regalo

zumo

caramelo

galleta

bombón

pastel

vela

tarta

adornar

regalar

besar

abrazar

encendida

apagada

iguales

diferentes

entera

partida

## Para la calle

boina

chaqueta

blusa

cinturón

falda

leotardos

zapato

gorra

plumífero

jersey

pantalón

calcetín

zapatilla

vestirse

desnudarse

abrocharse

desabrocharse

corta

larga

arrugada

planchada

# Para dormir

camiseta

bata

camisón

pantufla

pijama

braga

calzoncillo

calzarse

descalzarse

ponerse

quitarse

sucia

limpia

estrecho

ancho

# LA CASA
## La casa por fuera

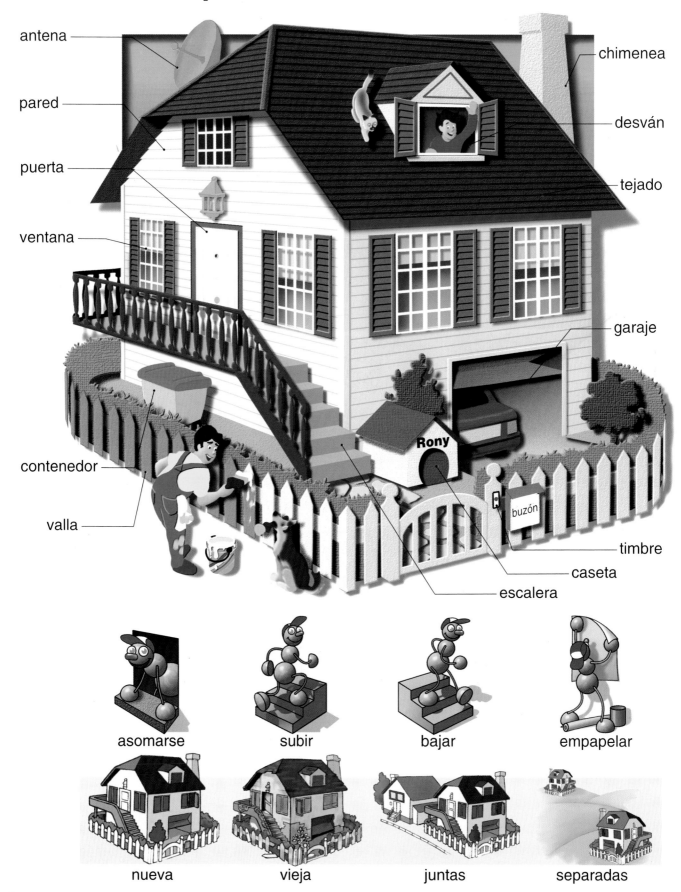

antena

pared

puerta

ventana

contenedor

valla

chimenea

desván

tejado

garaje

timbre

caseta

escalera

Rony

buzón

asomarse

subir

bajar

empapelar

nueva

vieja

juntas

separadas

# El salón

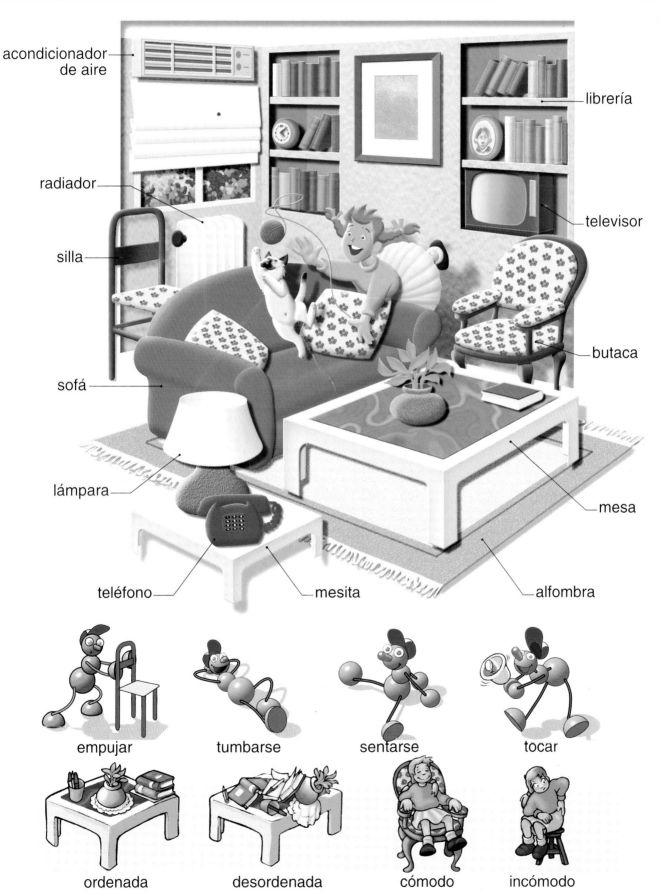

acondicionador de aire

radiador

silla

sofá

lámpara

teléfono

mesita

librería

televisor

butaca

mesa

alfombra

empujar

tumbarse

sentarse

tocar

ordenada

desordenada

cómodo

incómodo

15

# El dormitorio

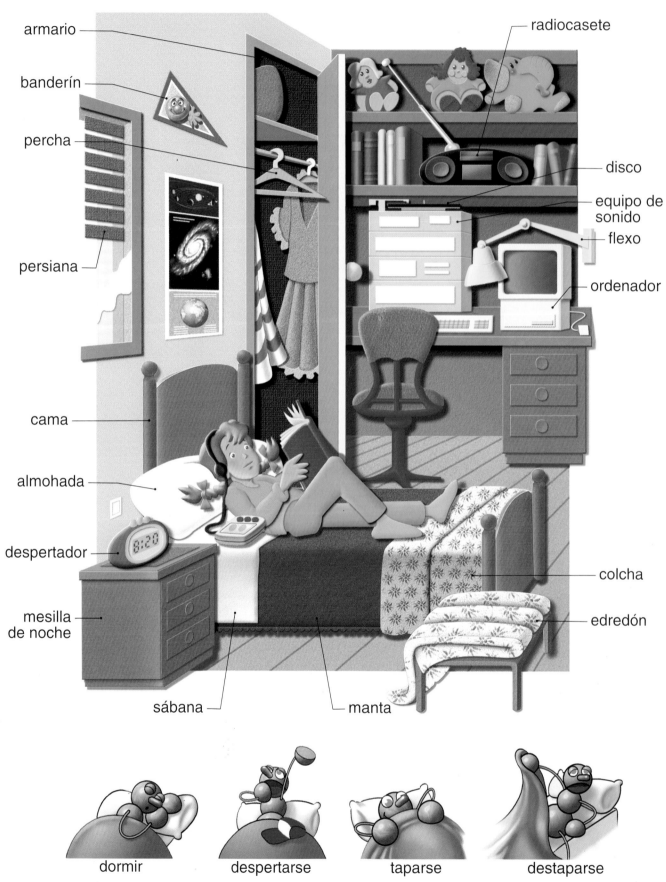

- armario
- banderín
- percha
- persiana
- cama
- almohada
- despertador
- mesilla de noche
- sábana
- manta
- radiocasete
- disco
- equipo de sonido
- flexo
- ordenador
- colcha
- edredón

dormir

despertarse

taparse

destaparse

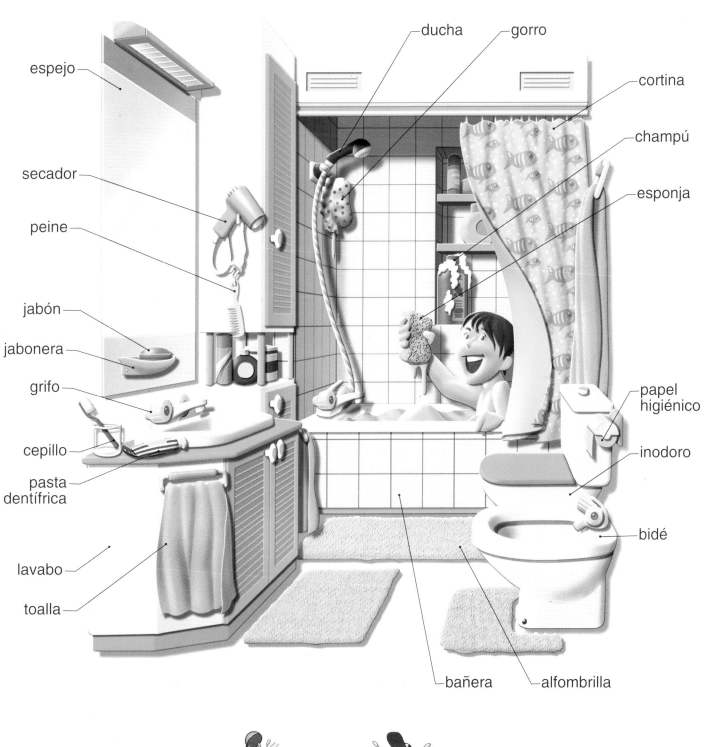

espejo

secador

peine

jabón

jabonera

grifo

cepillo

pasta
dentífrica

lavabo

toalla

ducha

gorro

cortina

champú

esponja

papel
higiénico

inodoro

bidé

bañera

alfombrilla

cepillarse los dientes

ducharse

secarse

peinarse

# La cocina

florero

licuadora

cafetera

batidora

lavadora

rallador

sacacorchos

abrelatas

fregadero

frigorífico

escurridor

tenedor

vaso

plato hondo

plato llano

plato de postre

cuchillo

cuchara

revolver

rallar

cortar

picar

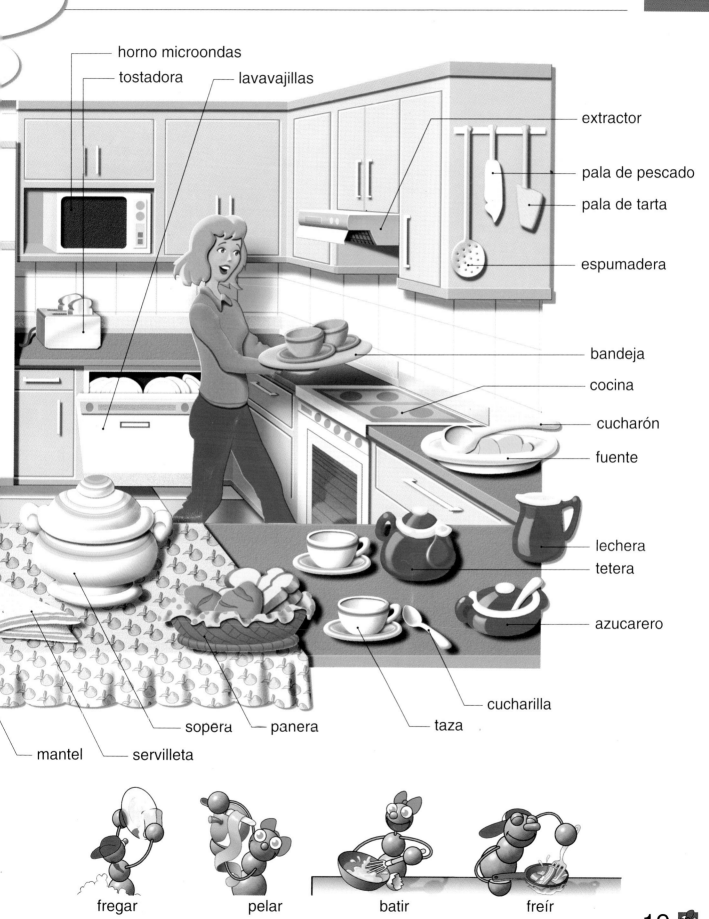

horno microondas

tostadora

lavavajillas

extractor

pala de pescado

pala de tarta

espumadera

bandeja

cocina

cucharón

fuente

lechera

tetera

azucarero

cucharilla

sopera  panera  taza

mantel  servilleta

fregar  pelar  batir  freír

# PALABRAS QUE INDICAN LUGAR
## ¿Dónde están?

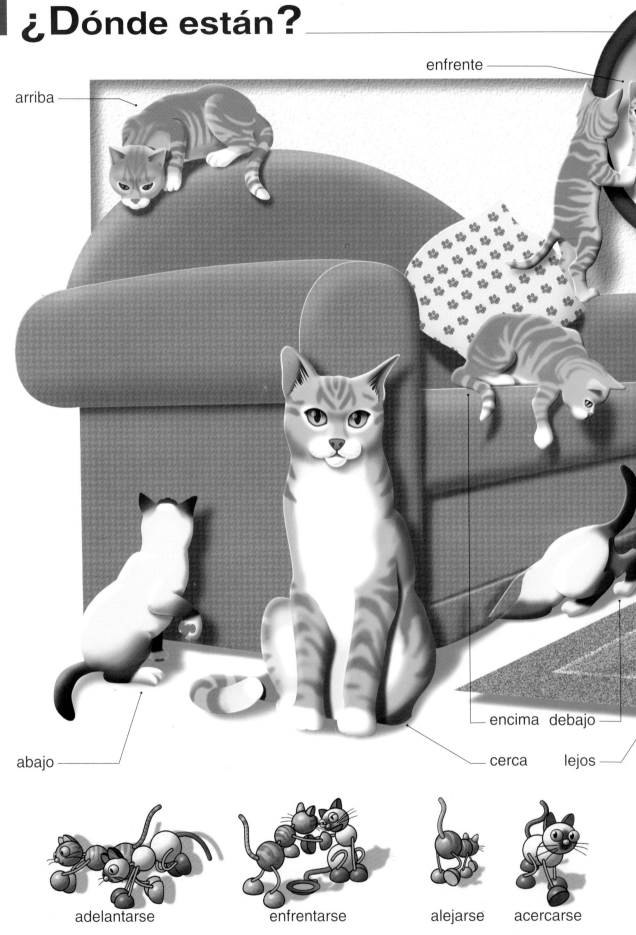

enfrente

arriba

abajo

encima debajo

cerca lejos

adelantarse

enfrentarse

alejarse

acercarse

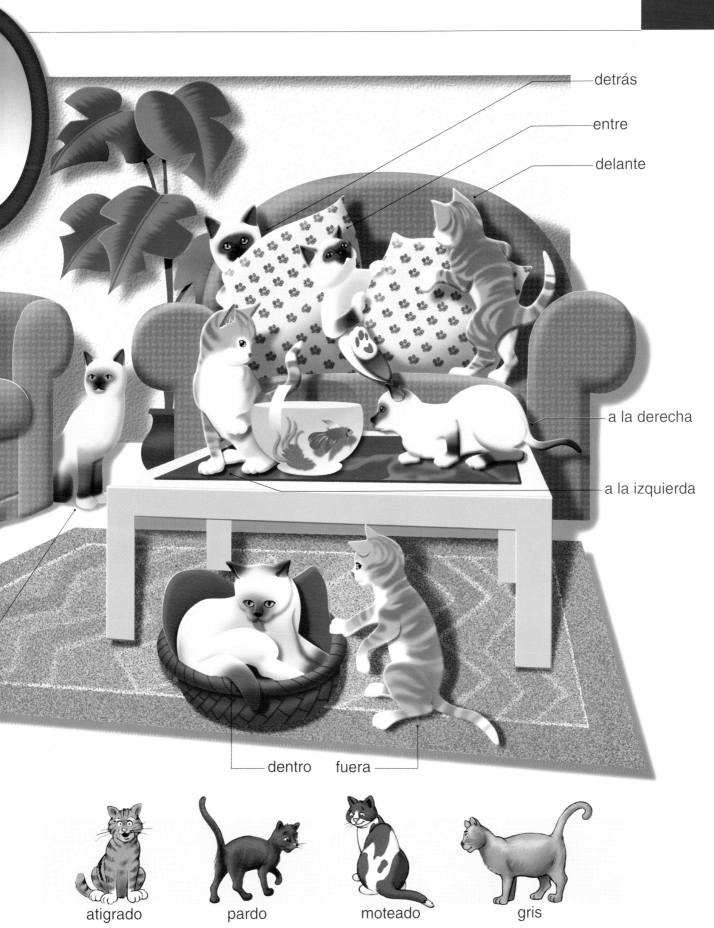

detrás

entre

delante

a la derecha

a la izquierda

dentro    fuera

atigrado    pardo    moteado    gris

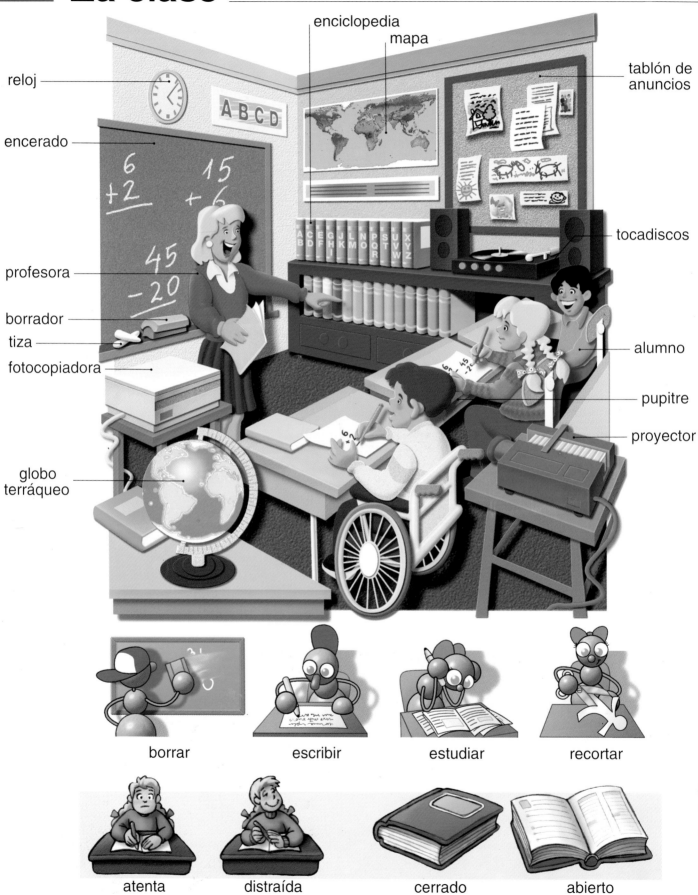

reloj

encerado

profesora

borrador

tiza

fotocopiadora

globo
terráqueo

enciclopedia

mapa

tablón de
anuncios

tocadiscos

alumno

pupitre

proyector

A B C D

borrar

escribir

estudiar

recortar

atenta

distraída

cerrado

abierto

# Los materiales escolares

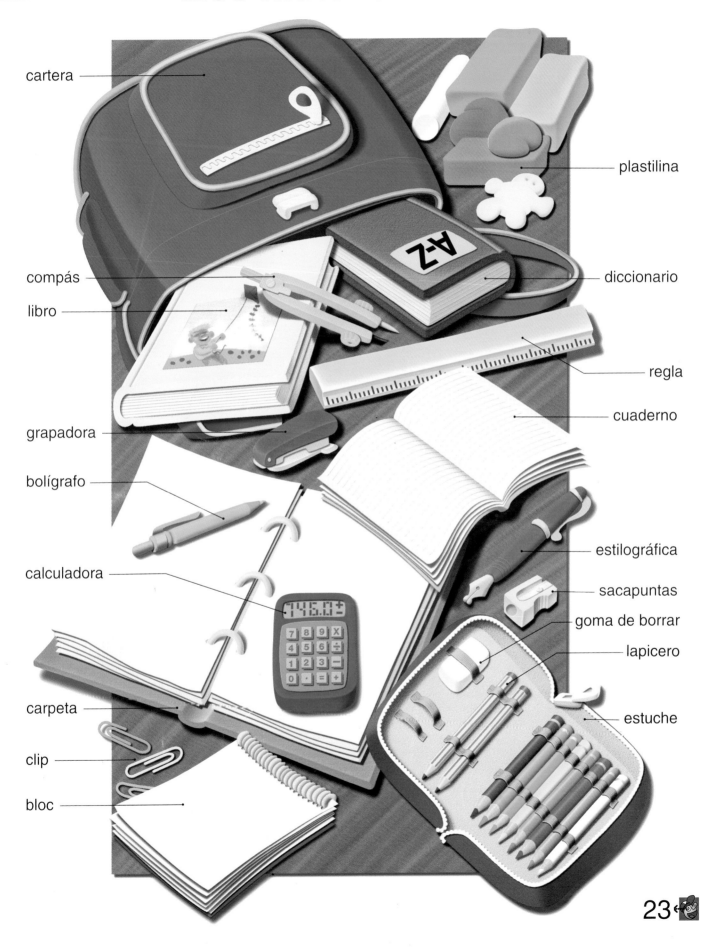

cartera

plastilina

compás

diccionario

libro

regla

grapadora

cuaderno

bolígrafo

estilográfica

calculadora

sacapuntas

goma de borrar

lapicero

carpeta

estuche

clip

bloc

# Los colores

arco iris

gris

azul

rosa

marrón

verde

anaranjado

dibujar

pintar

rayar

pintarrajear

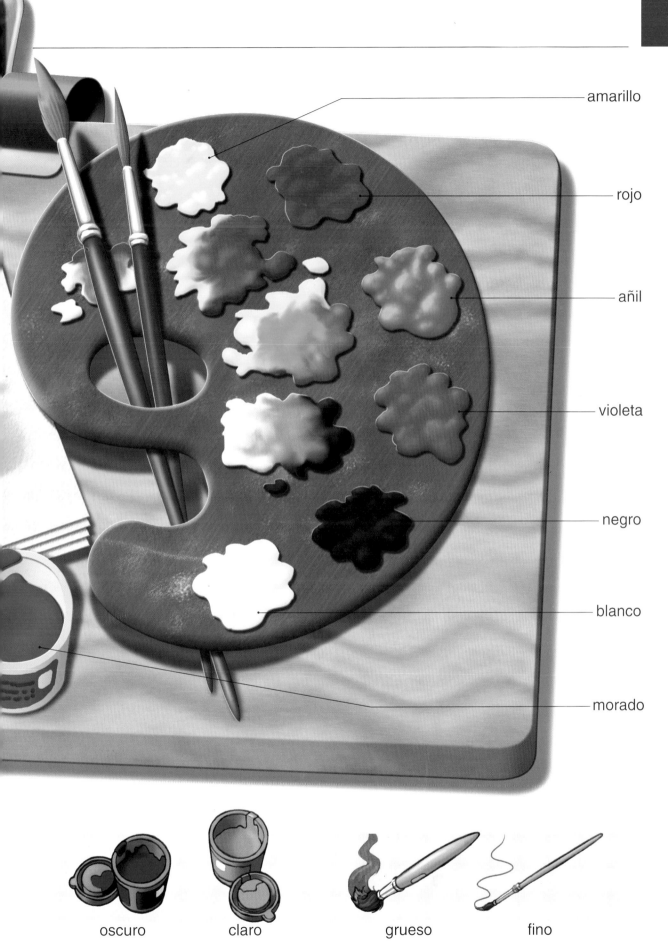

amarillo

rojo

añil

violeta

negro

blanco

morado

oscuro

claro

grueso

fino

# Los números y las formas

primero   segundo   tercero   cuarto   qui...

1 2 3 4 5 6 7 8 9 10

uno   dos   tres   cuatro   cinco   seis   siete   ocho   nueve   diez

11 12 13 14 15 16 17 18 19 20

|  | doce |  | catorce |  | dieciséis |  | dieciocho |  | veinte |
once |  | trece |  | quince |  | diecisiete |  | diecinueve |  |

once   doce   trece   catorce   quince   dieciséis   diecisiete   dieciocho   diecinueve   veinte

30 40 50 60 70 80 90 100

treinta   cuarenta   cincuenta   sesenta   setenta   ochenta   noventa   cien

1.000        1.000.000

mil             un millón

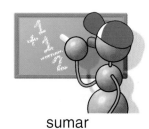

sumar

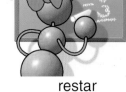

restar

multiplicar

dividir

sexto     séptimo     octavo     noveno     décimo

cubo

cuadrado

rectángulo

esfera

cono

círculo

triángulo

redondo     rectangular     triangular     cuadrada

# LOS ANIMALES
## Los dinosaurios

Braquiosaurio

Diplodoco

Parasaurolophus

Triceratops

nacer

nadar

volar

morir

Arqueopterix

Tiranosaurio

Estegosaurio

Compsognathus

carnívoro    herbívoro    ligero    pesado    gigantesco

# El perro y el gato

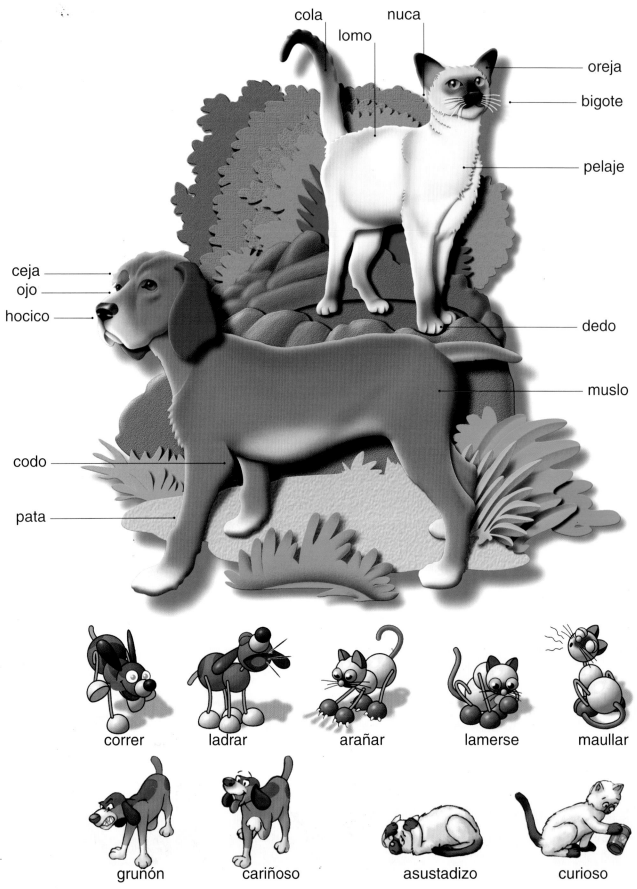

cola

lomo

nuca

oreja

bigote

pelaje

ceja

ojo

hocico

dedo

muslo

codo

pata

correr

ladrar

arañar

lamerse

maullar

gruñón

cariñoso

asustadizo

curioso

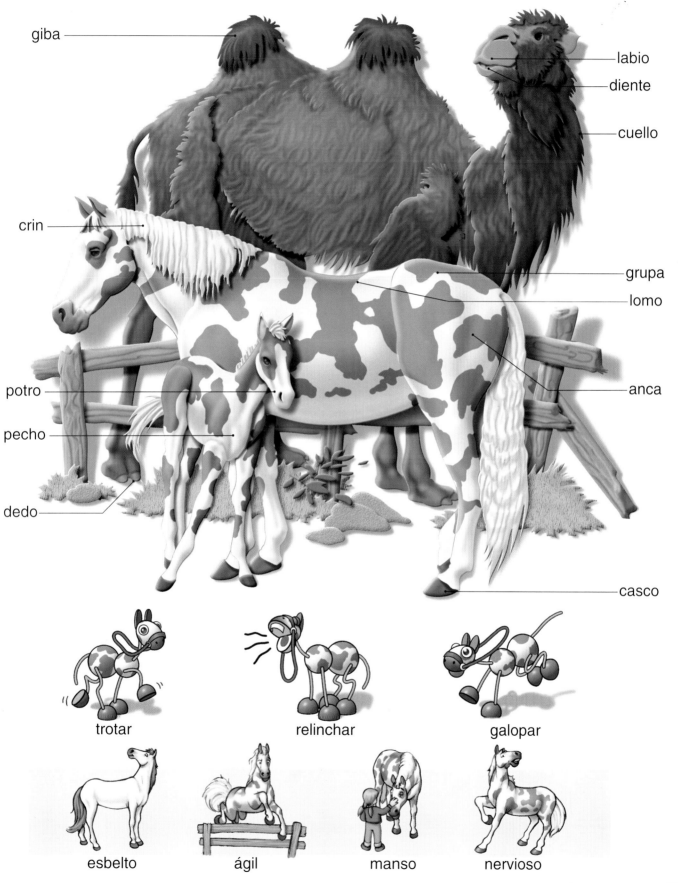

giba

labio

diente

cuello

crin

grupa

lomo

potro

pecho

anca

dedo

casco

trotar

relinchar

galopar

esbelto

ágil

manso

nervioso

# La vaca y la oveja

redil

rebaño

cordero

cuerno

lana

piel

ubre

pezuña

ternero

mugir

ordeñar

balar

esquilar

lanuda

juguetón

obediente

lechera

# La gallina y el gorrión

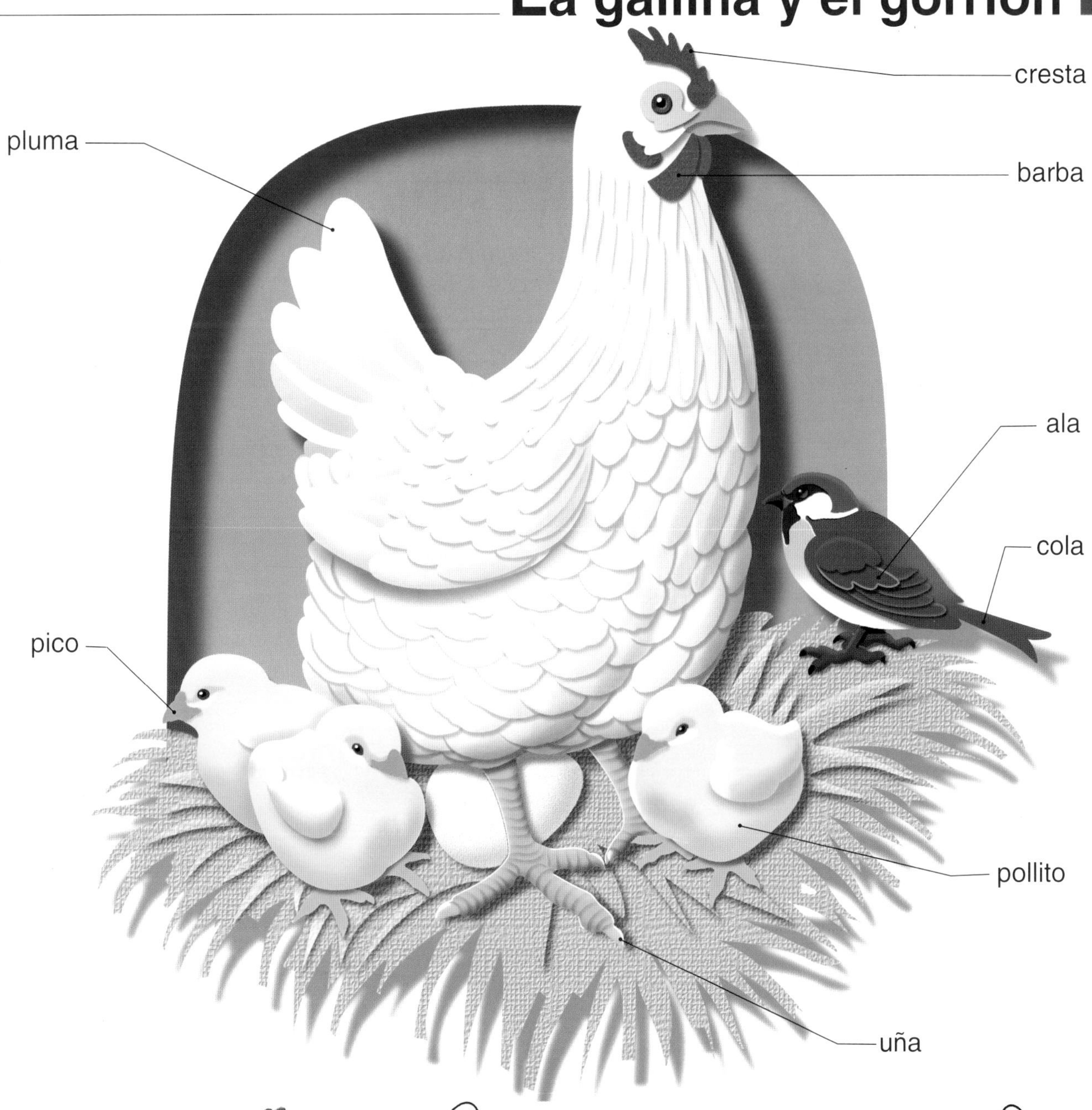

cresta

barba

pluma

ala

cola

pico

pollito

uña

cacarear

escarbar

piar

picotear

saltarín

ponedora

chillón

# La serpiente y la tortuga

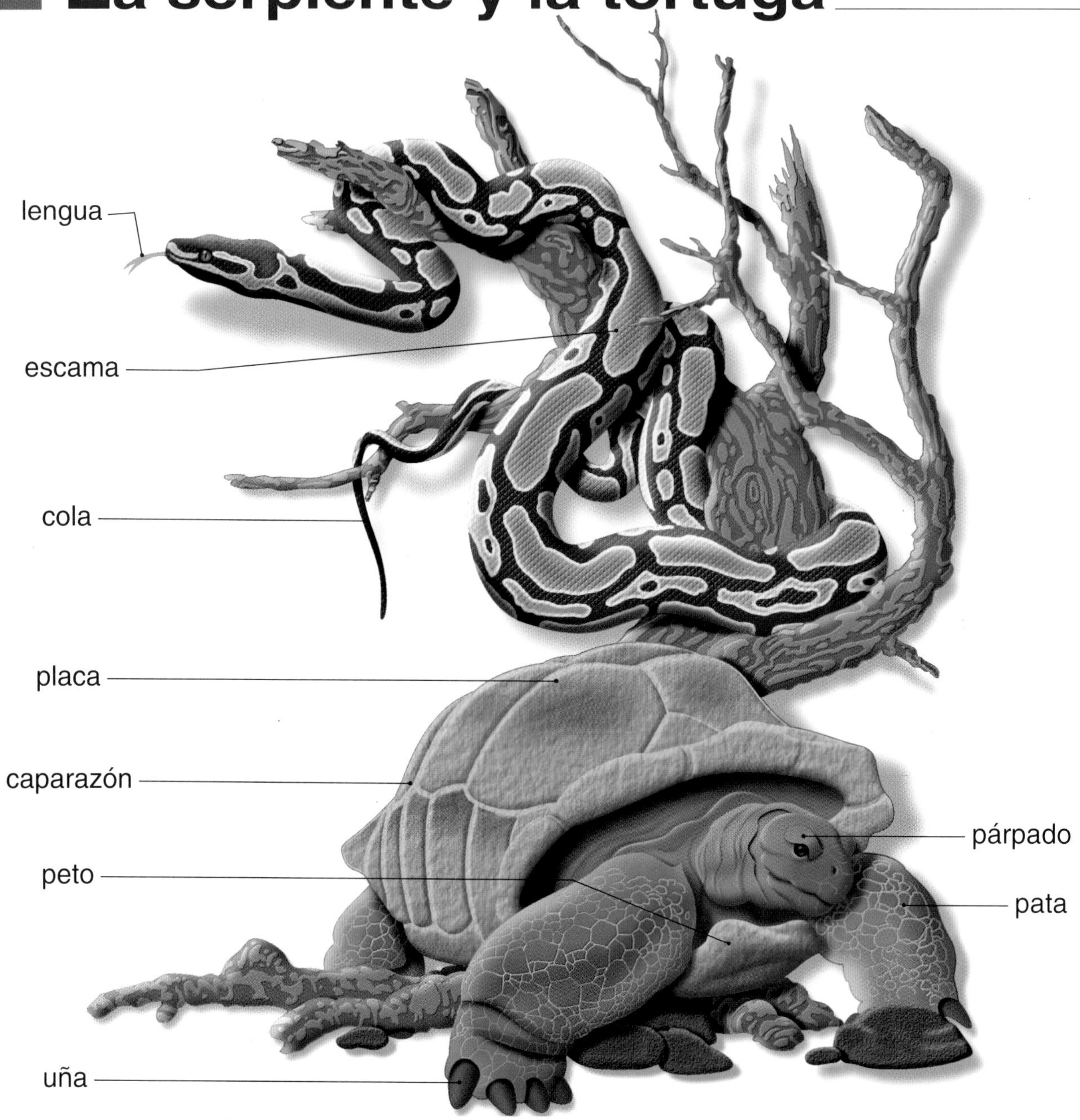

lengua

escama

cola

placa

caparazón

peto

uña

párpado

pata

reptar     enroscarse     perseguir     escapar

lenta     venenosa     terrestre     marina

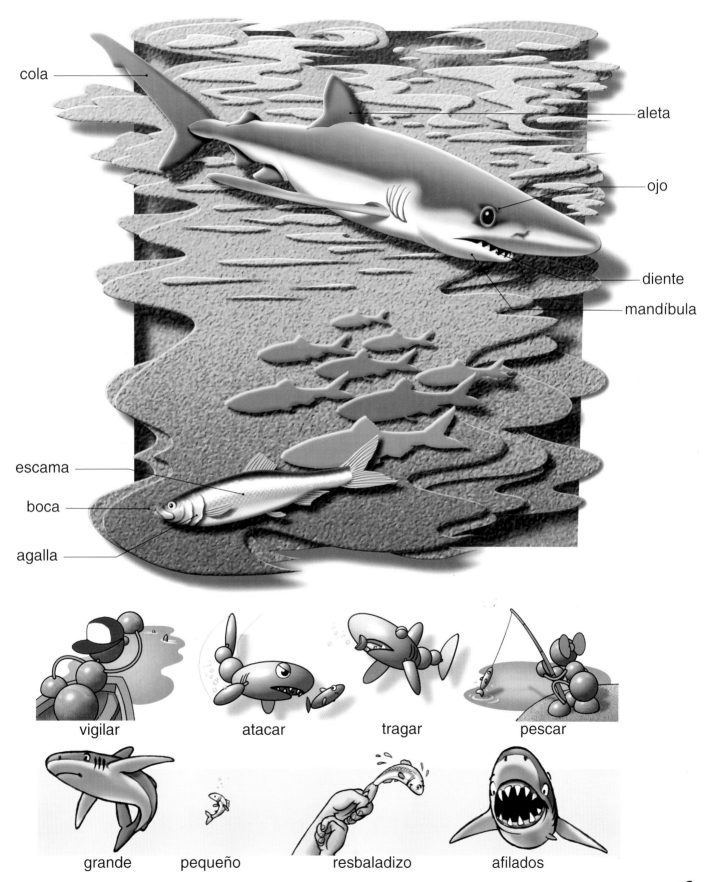

cola

aleta

ojo

diente

mandíbula

escama

boca

agalla

vigilar

atacar

tragar

pescar

grande

pequeño

resbaladizo

afilados

35

# La rana

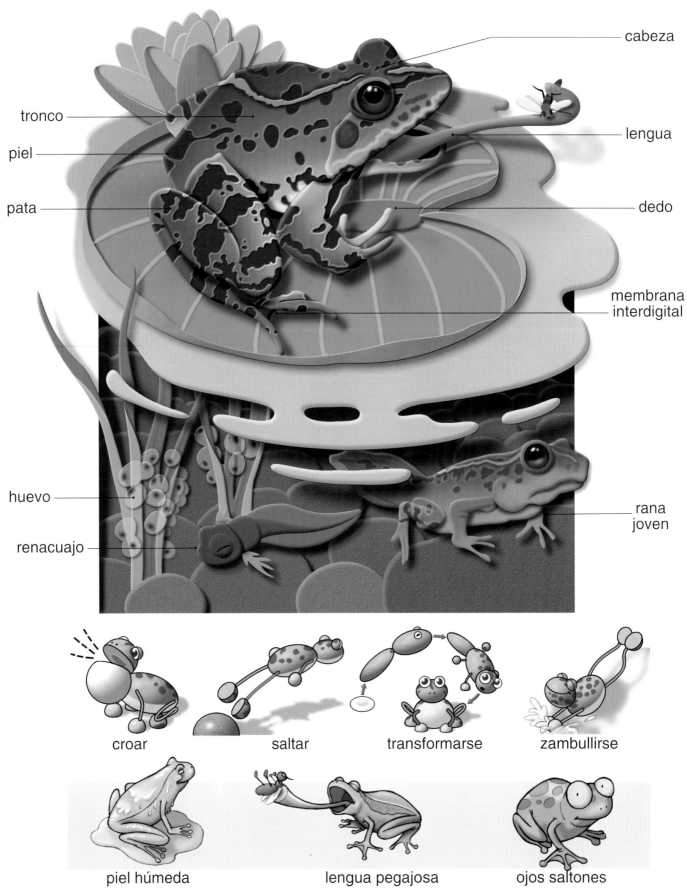

cabeza

tronco

piel

pata

lengua

dedo

membrana interdigital

huevo

renacuajo

rana joven

croar          saltar          transformarse          zambullirse

piel húmeda          lengua pegajosa          ojos saltones

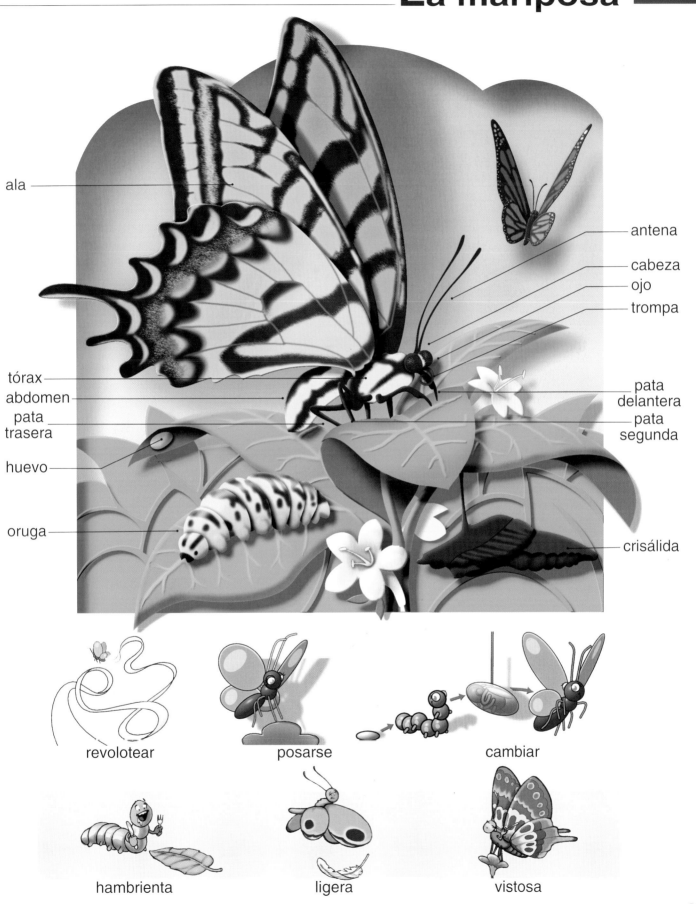

ala

antena
cabeza
ojo
trompa

tórax
abdomen
pata
trasera

pata
delantera

pata
segunda

huevo

oruga

crisálida

revolotear

posarse

cambiar

hambrienta

ligera

vistosa

# La abeja

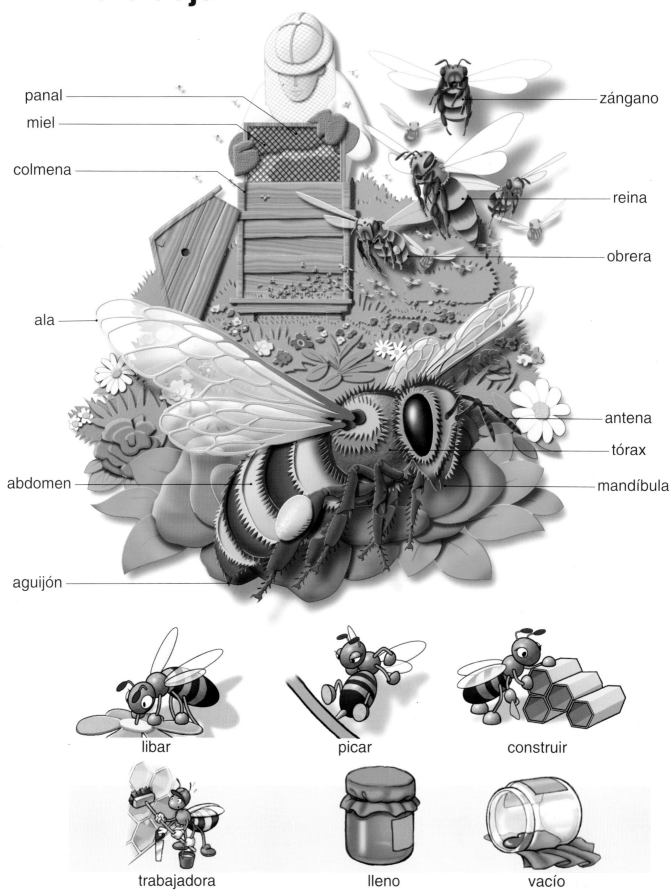

panal

miel

colmena

zángano

reina

obrera

ala

antena

tórax

mandíbula

abdomen

aguijón

libar

picar

construir

trabajadora

lleno

vacío

# El caracol y el pulpo

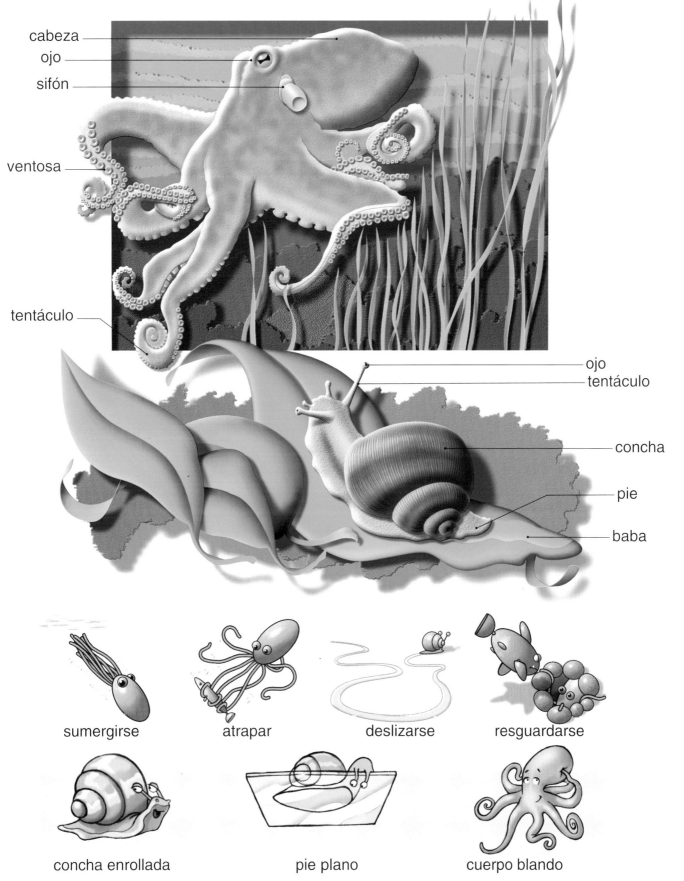

cabeza

ojo

sifón

ventosa

tentáculo

ojo

tentáculo

concha

pie

baba

sumergirse

atrapar

deslizarse

resguardarse

concha enrollada

pie plano

cuerpo blando

# Otros animales

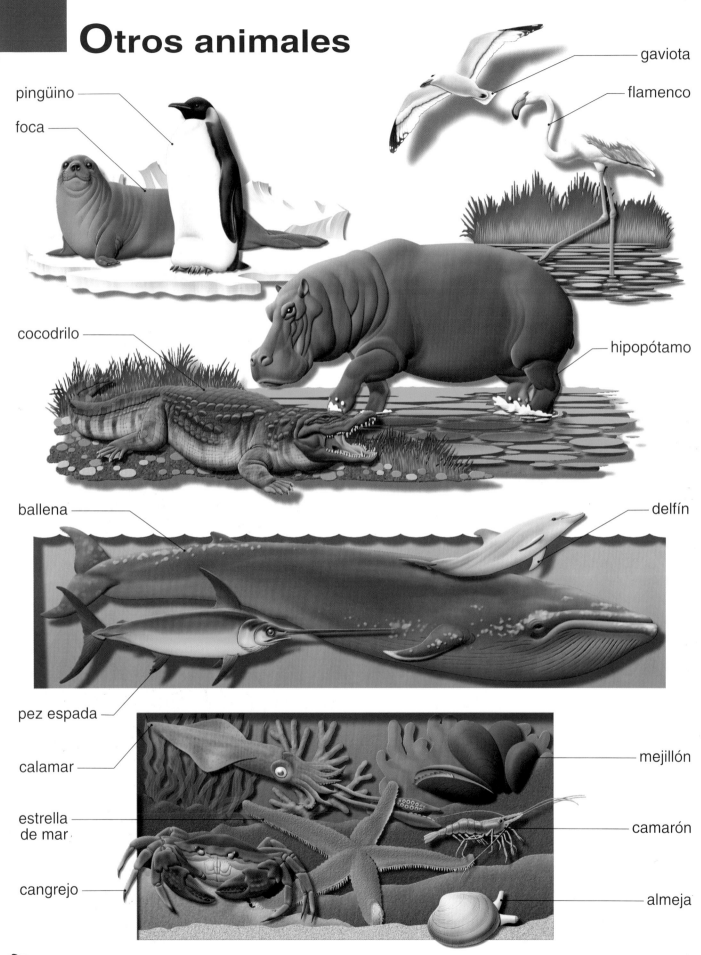

pingüino

foca

gaviota

flamenco

cocodrilo

hipopótamo

ballena

delfín

pez espada

calamar

mejillón

estrella de mar

camarón

cangrejo

almeja

águila

Y más animales

jirafa

gorila

papagayo

oso

canguro

cebra  elefante  lobo  avestruz  jabalí

hiena  tigre

leopardo  león

41

## Los árboles

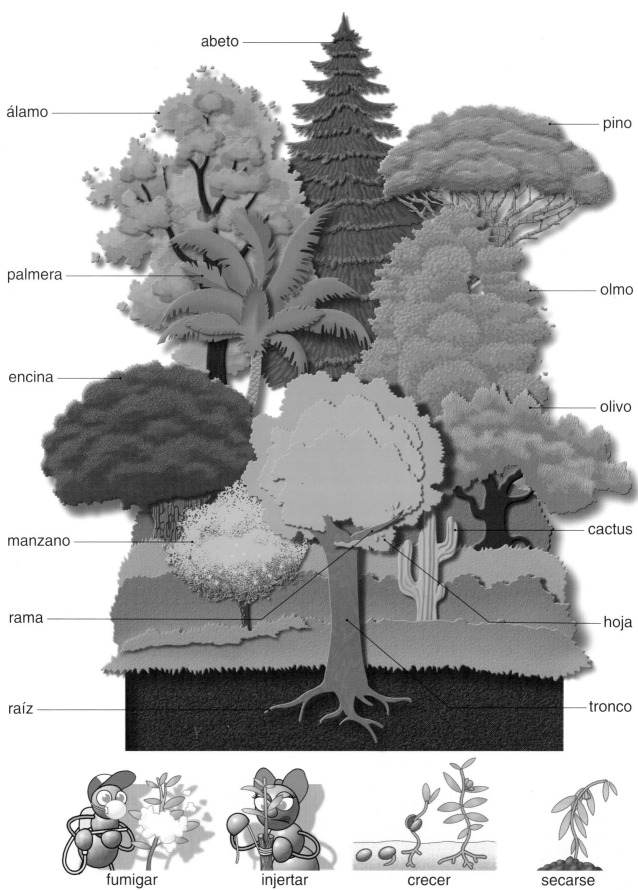

abeto

álamo

pino

palmera

olmo

encina

olivo

manzano

cactus

rama

hoja

raíz

tronco

fumigar injertar crecer secarse

# Las flores

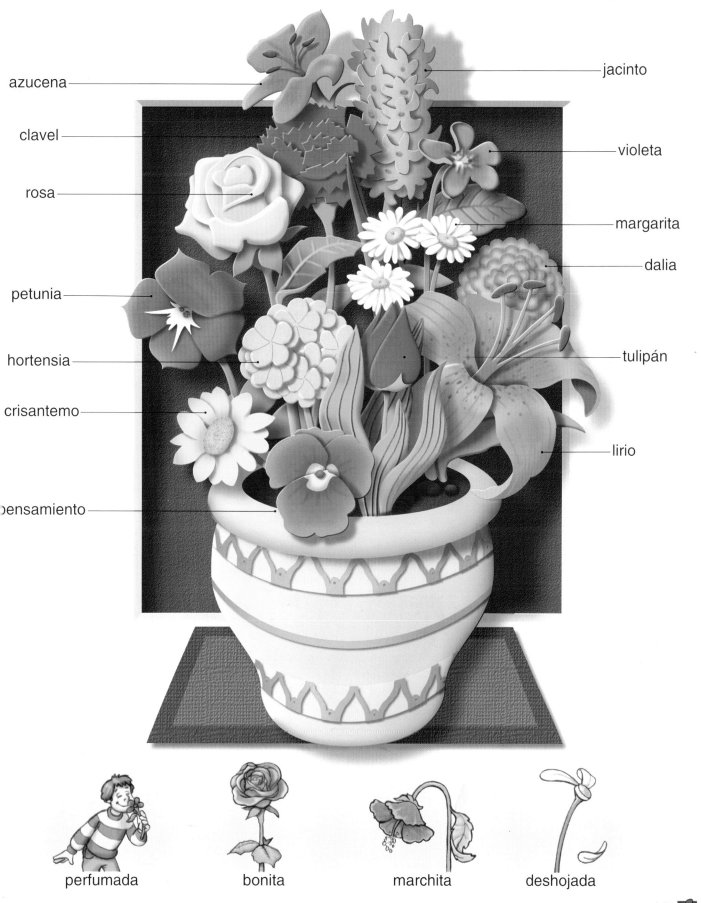

azucena

clavel

rosa

petunia

hortensia

crisantemo

pensamiento

jacinto

violeta

margarita

dalia

tulipán

lirio

perfumada

bonita

marchita

deshojada

# Los frutos

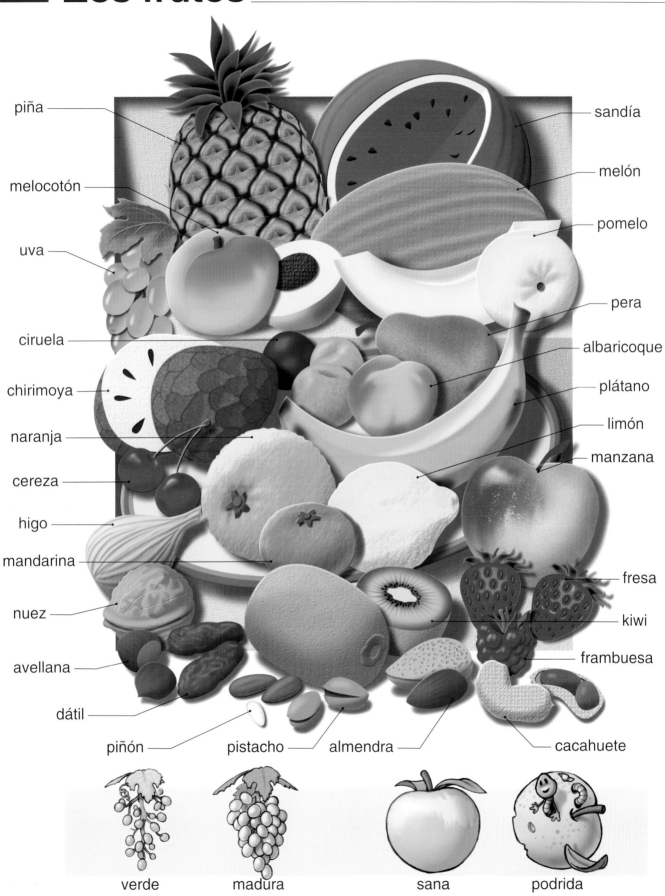

piña

melocotón

uva

ciruela

chirimoya

naranja

cereza

higo

mandarina

nuez

avellana

dátil

piñón

pistacho

almendra

sandía

melón

pomelo

pera

albaricoque

plátano

limón

manzana

fresa

kiwi

frambuesa

cacahuete

verde

madura

sana

podrida

# Las verduras, legumbres y cereales

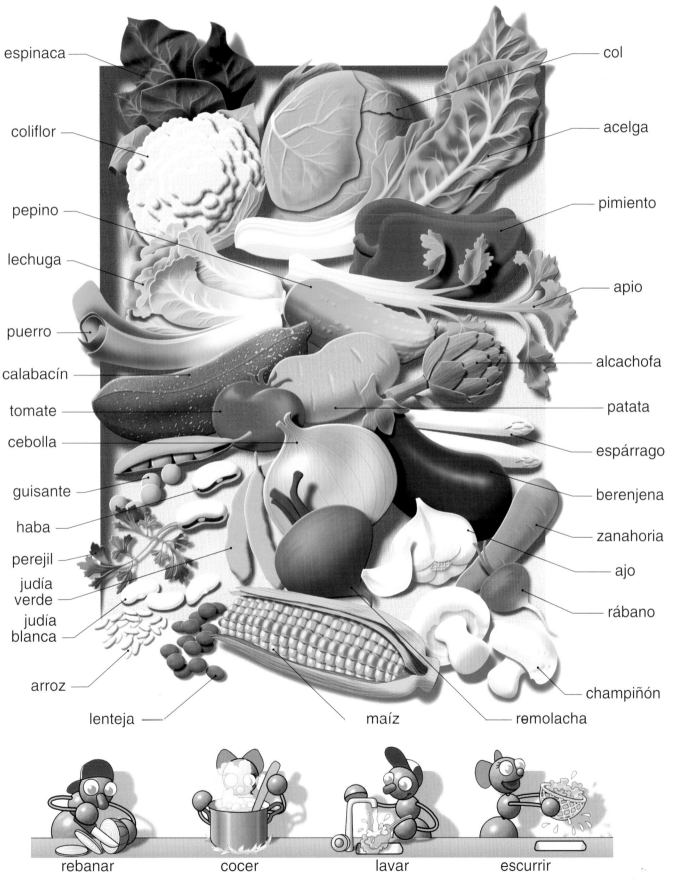

espinaca

col

coliflor

acelga

pepino

pimiento

lechuga

apio

puerro

alcachofa

calabacín

tomate

patata

cebolla

espárrago

guisante

berenjena

haba

zanahoria

perejil

ajo

judía verde

rábano

judía blanca

arroz

champiñón

lenteja

maíz

remolacha

rebanar

cocer

lavar

escurrir

45

# El jardín

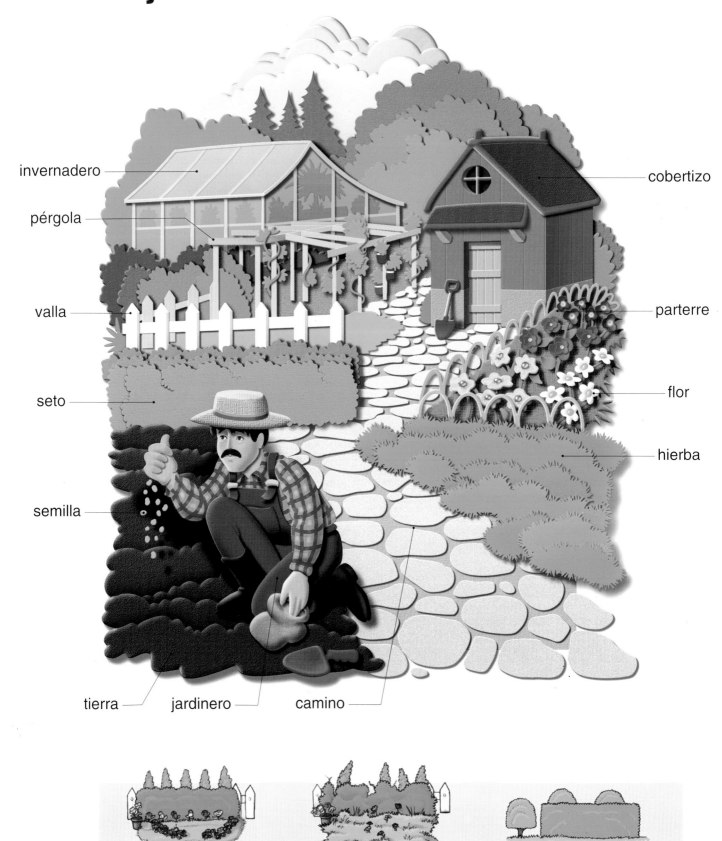

invernadero

pérgola

valla

seto

semilla

tierra    jardinero    camino

cobertizo

parterre

flor

hierba

cuidado

descuidado

recortado

# Las herramientas de jardín

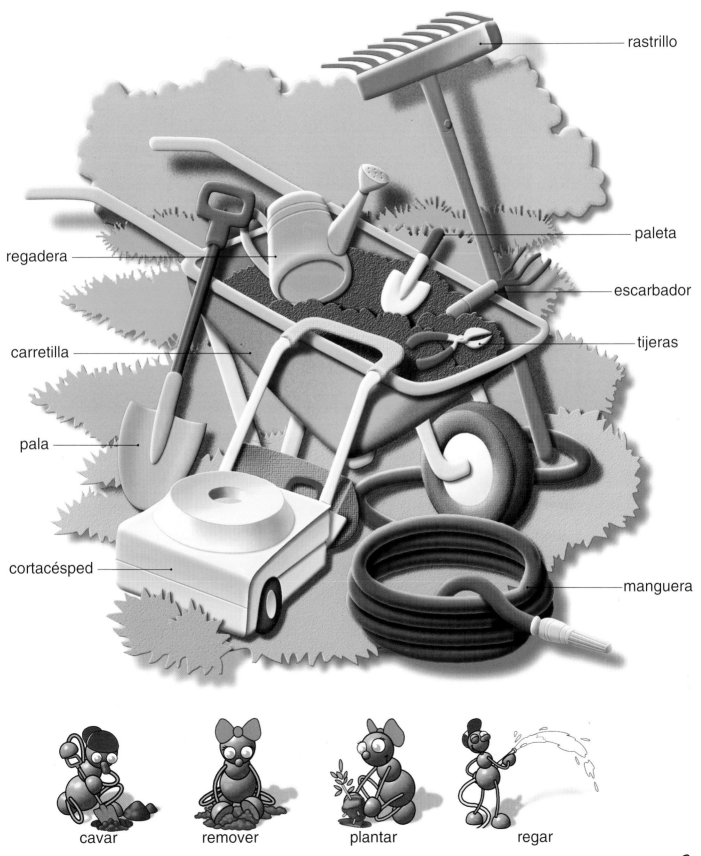

rastrillo

paleta

regadera

escarbador

carretilla

tijeras

pala

cortacésped

manguera

cavar

remover

plantar

regar

47

# LA CIUDAD
## Una ciudad

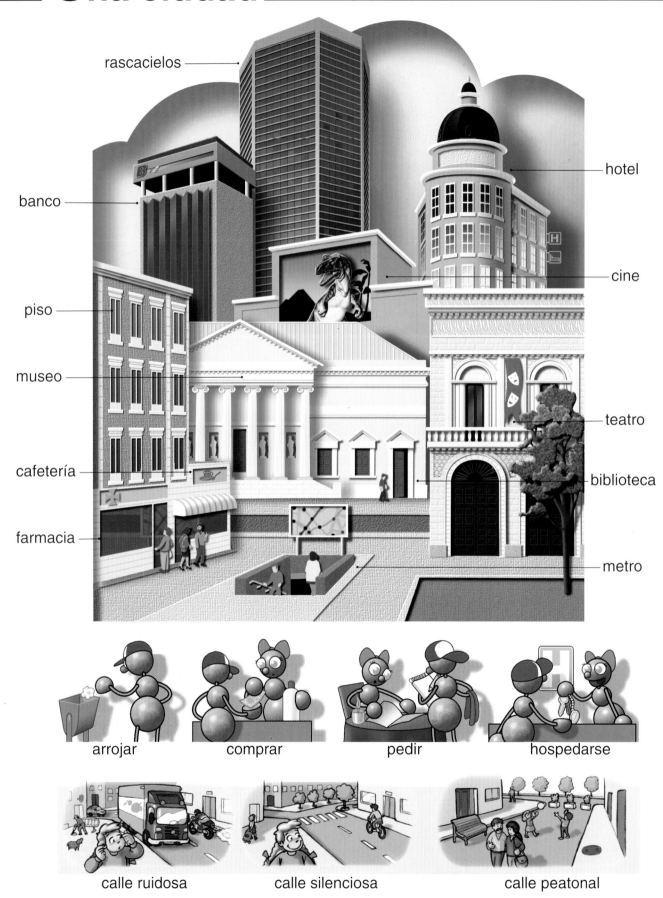

rascacielos

hotel

banco

cine

piso

museo

teatro

cafetería

biblioteca

farmacia

metro

arrojar

comprar

pedir

hospedarse

calle ruidosa

calle silenciosa

calle peatonal

# Una calle de la ciudad

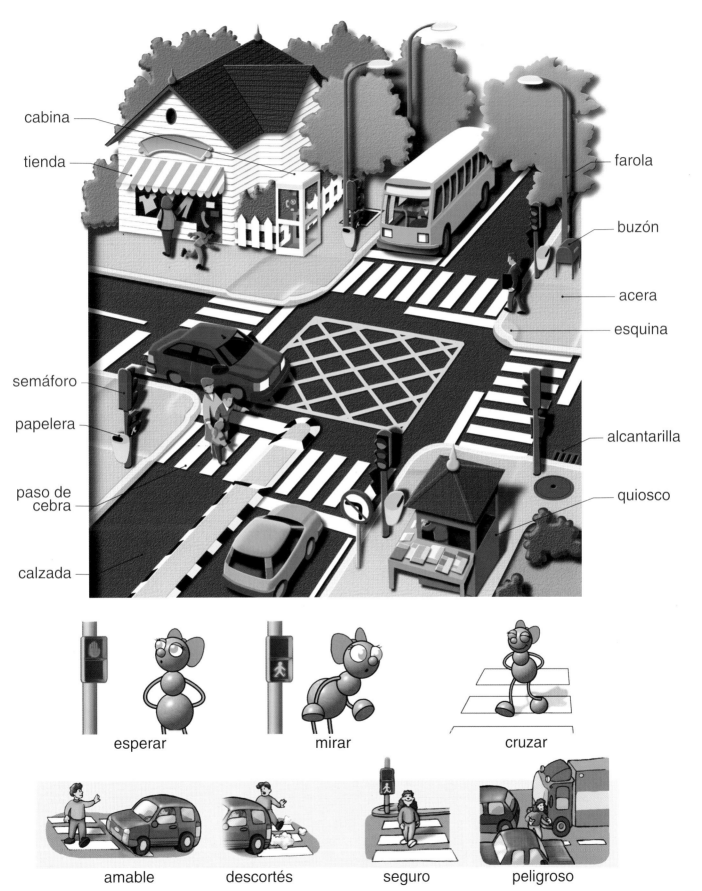

cabina

tienda

farola

buzón

acera

esquina

semáforo

papelera

alcantarilla

paso de cebra

quiosco

calzada

esperar

mirar

cruzar

amable

descortés

seguro

peligroso

# En la autopista

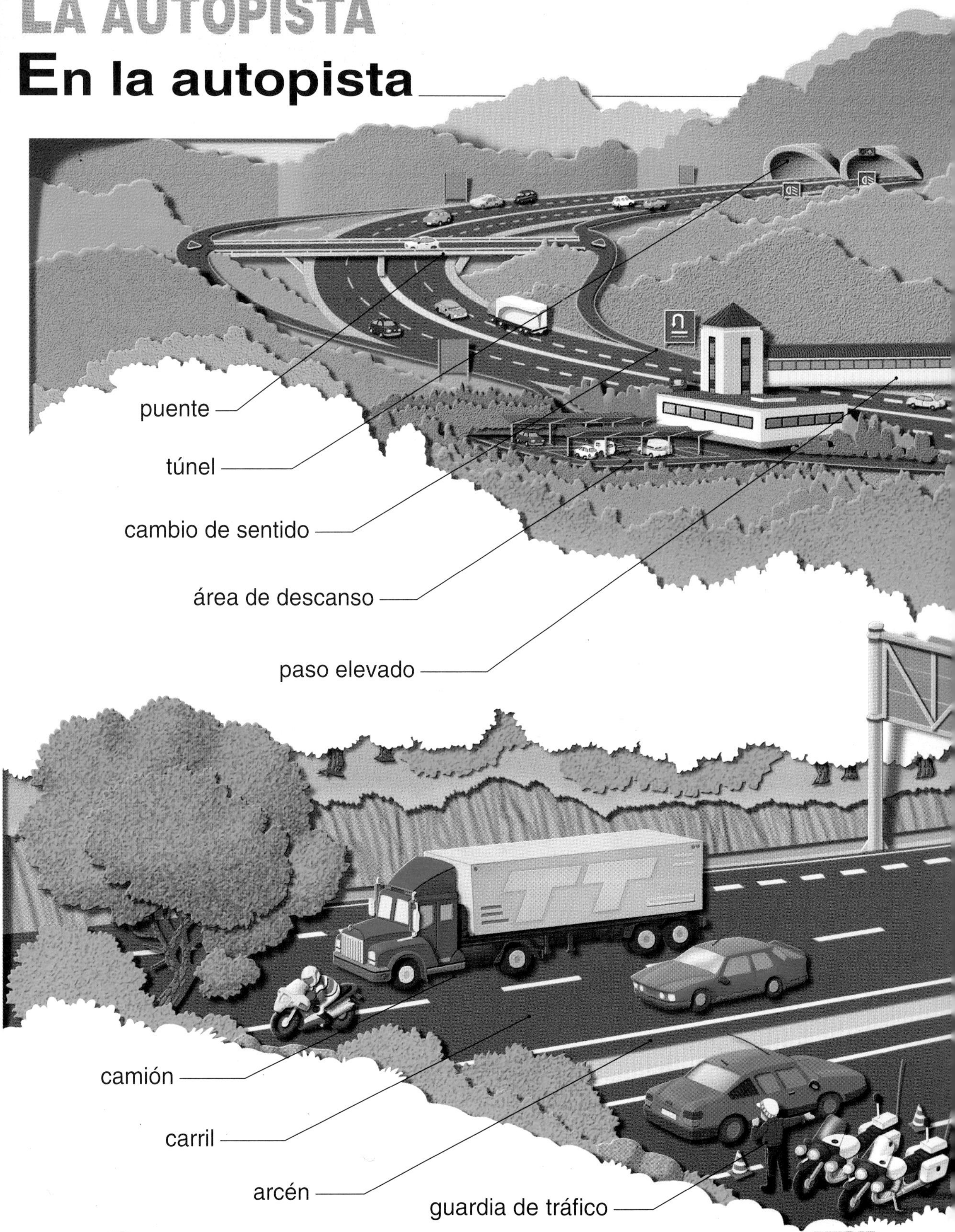

puente

túnel

cambio de sentido

área de descanso

paso elevado

camión

carril

arcén

guardia de tráfico

adelantar

girar

aparcar

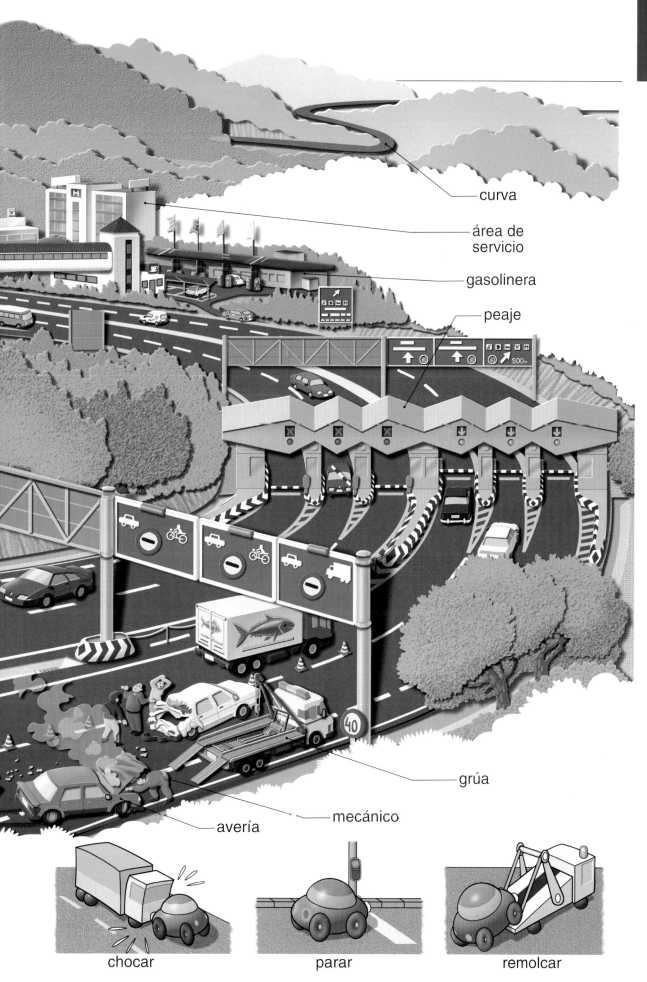

curva

área de servicio

gasolinera

peaje

grúa

mecánico

avería

chocar

parar

remolcar

# LOS TRABAJOS
## Algunos trabajos

fontanero

profesor

veterinaria

albañil

abogada

pescadera

carnicero

electricista

frutera

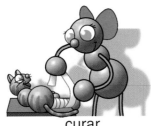
curar

trabajar

descansar

pesar

farmacéutica

pescador

pintor

tractorista

periodista

taxista

peluquero

fotógrafa

modelo

enseñar

pescar

cortar

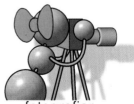

fotografiar

# LOS TRANSPORTES
## El coche

lavadero de coches

antena

parabrisas

maletero

cinturón de seguridad

capó

seguro

asiento

faro

parachoques

motor

batería

limpiaparabrisas

volante

conducir

pinchar

empujar

frenar

veloz

antiguo

moderno

54

# La bicicleta y la moto

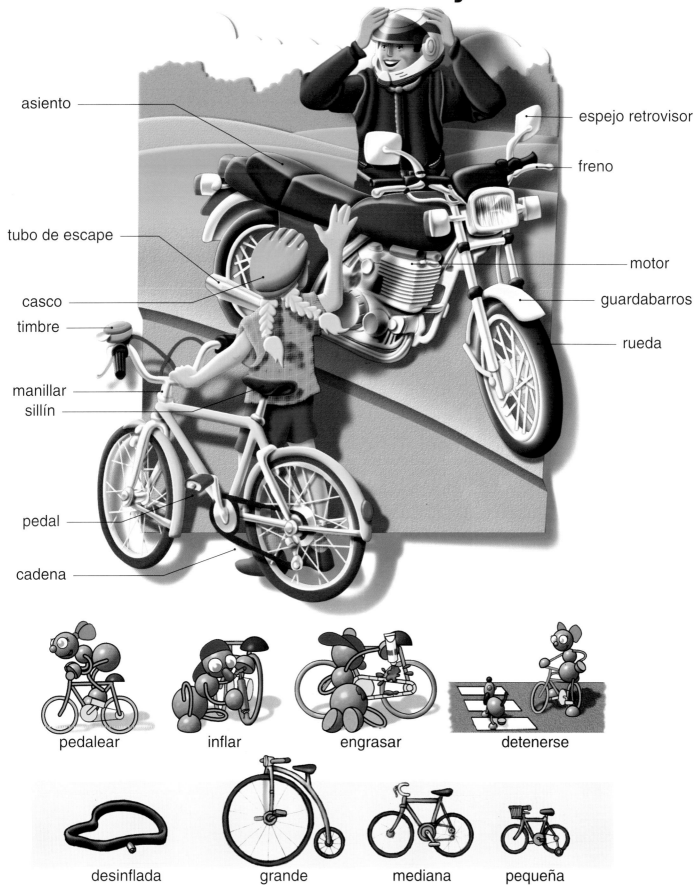

asiento

espejo retrovisor

freno

tubo de escape

motor

casco

guardabarros

timbre

rueda

manillar

sillín

pedal

cadena

pedalear

inflar

engrasar

detenerse

desinflada

grande

mediana

pequeña

# La estación de trenes

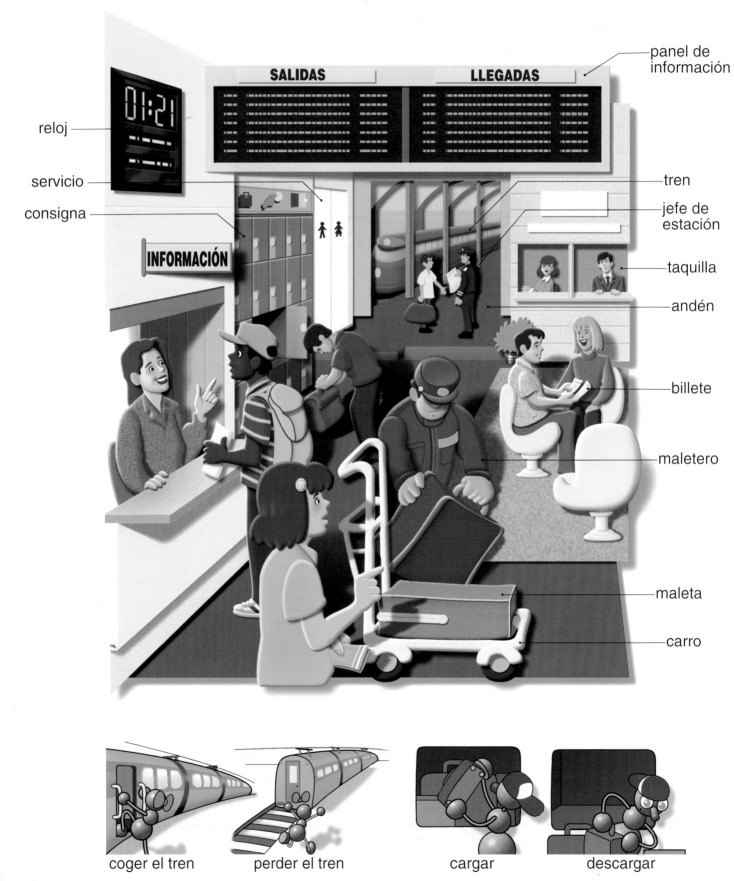

panel de información

reloj

servicio

consigna

INFORMACIÓN

SALIDAS

LLEGADAS

tren

jefe de estación

taquilla

andén

billete

maletero

maleta

carro

coger el tren

perder el tren

cargar

descargar

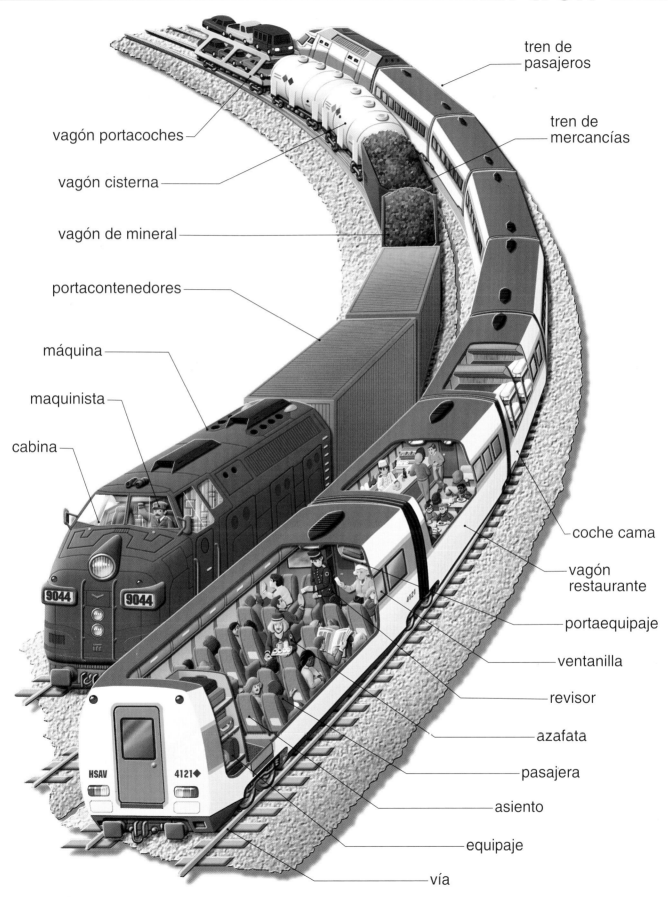

tren de pasajeros

tren de mercancías

vagón portacoches

vagón cisterna

vagón de mineral

portacontenedores

máquina

maquinista

cabina

9044　9044

coche cama

vagón restaurante

portaequipaje

ventanilla

revisor

azafata

pasajera

asiento

equipaje

vía

HSAV　4121◆

# El aeropuerto

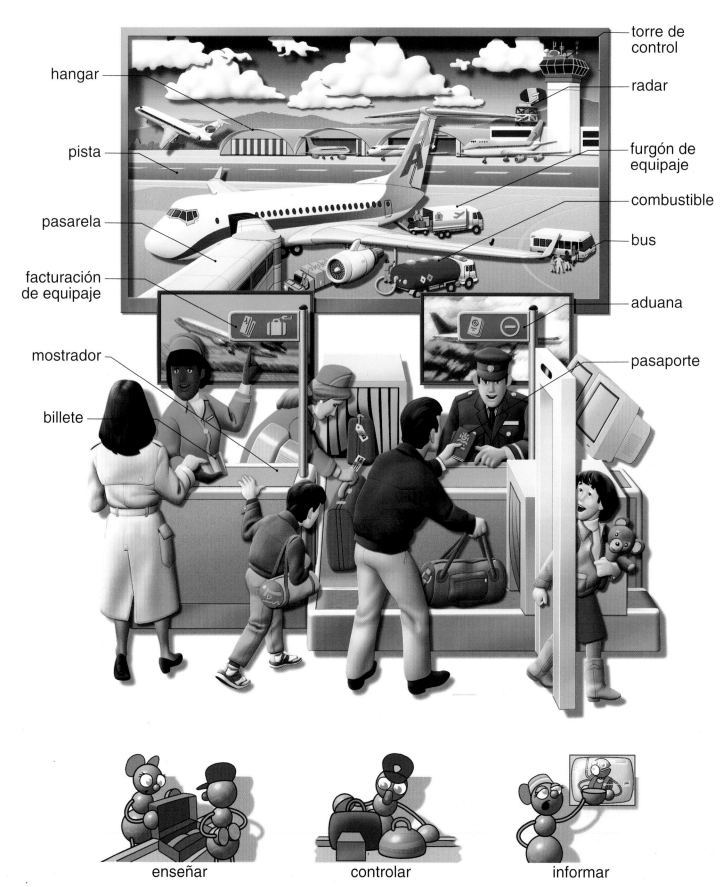

torre de control

hangar

radar

pista

furgón de equipaje

combustible

pasarela

bus

facturación de equipaje

aduana

mostrador

pasaporte

billete

enseñar

controlar

informar

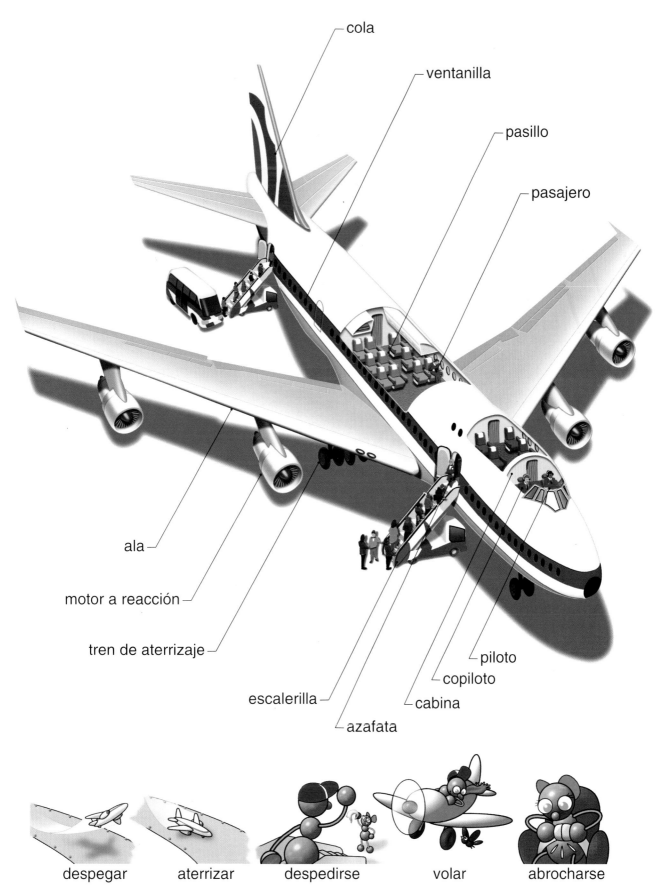

cola

ventanilla

pasillo

pasajero

ala

motor a reacción

tren de aterrizaje

piloto

copiloto

escalerilla

cabina

azafata

despegar

aterrizar

despedirse

volar

abrocharse

# El puerto

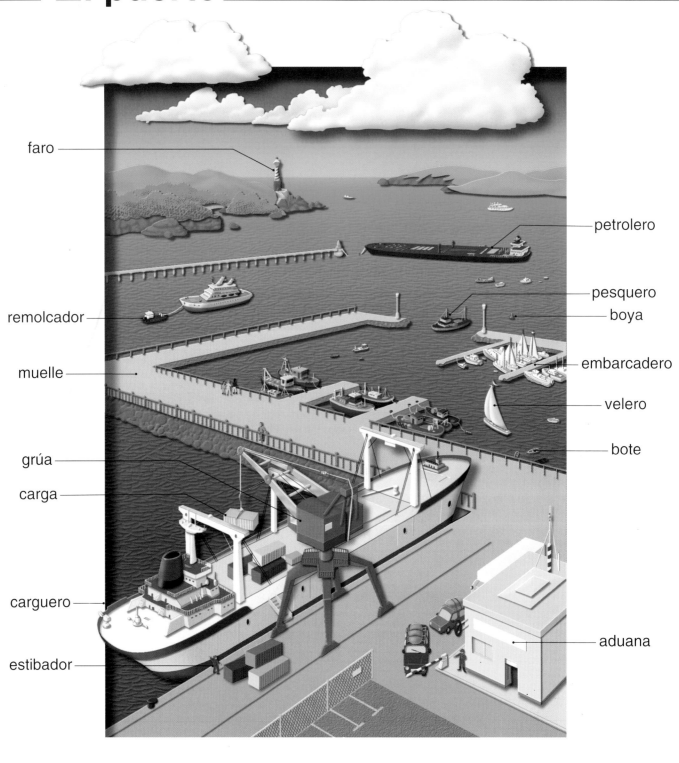

faro

petrolero

remolcador

pesquero

boya

muelle

embarcadero

velero

grúa

bote

carga

carguero

aduana

estibador

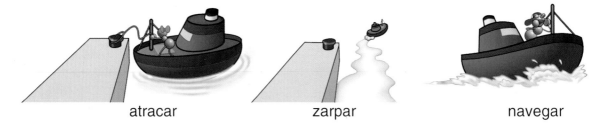

atracar

zarpar

navegar

# El barco

cubierta — chimenea — bote salvavidas — ojo de buey — radar — ancla — proa

popa — timón — hélice — casco — sala de máquinas — bodega — camarote

embarcar

desembarcar

flotar

hundirse

## Juegos y juguetes

cometa

columpio

balancín

patín

patines

cuerda

escondite

tobogán

triciclo

canicas

columpiarse

patinar

trepar

lanzarse

# Otros juegos y juguetes

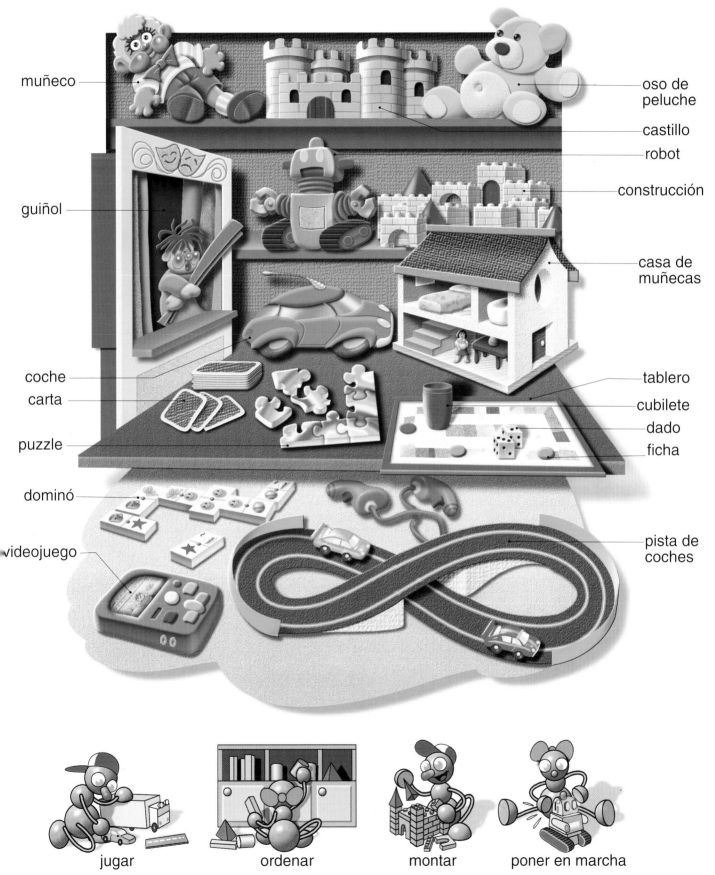

muñeco

oso de peluche

castillo

robot

construcción

guiñol

casa de muñecas

coche

tablero

carta

cubilete

dado

puzzle

ficha

dominó

videojuego

pista de coches

jugar

ordenar

montar

poner en marcha

# Aparatos electrónicos

televisor

mando a distancia

vídeo

videocasete

walkman

auriculares

videoconsola

escuchar

fotografiar

filmar

grabar

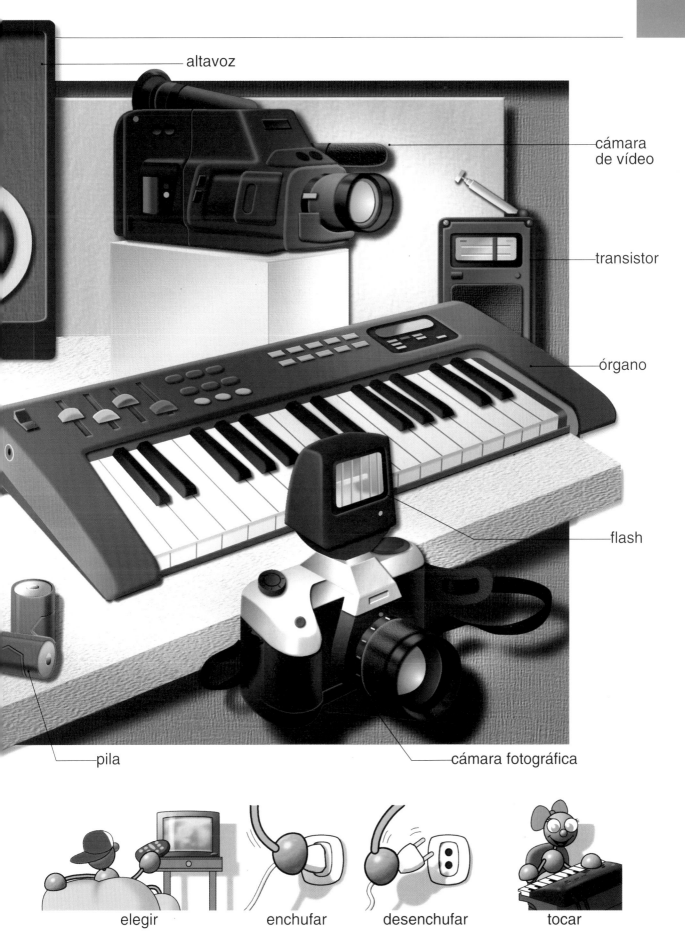

altavoz

cámara de vídeo

transistor

órgano

flash

pila

cámara fotográfica

elegir  enchufar  desenchufar  tocar

# El cine y el teatro

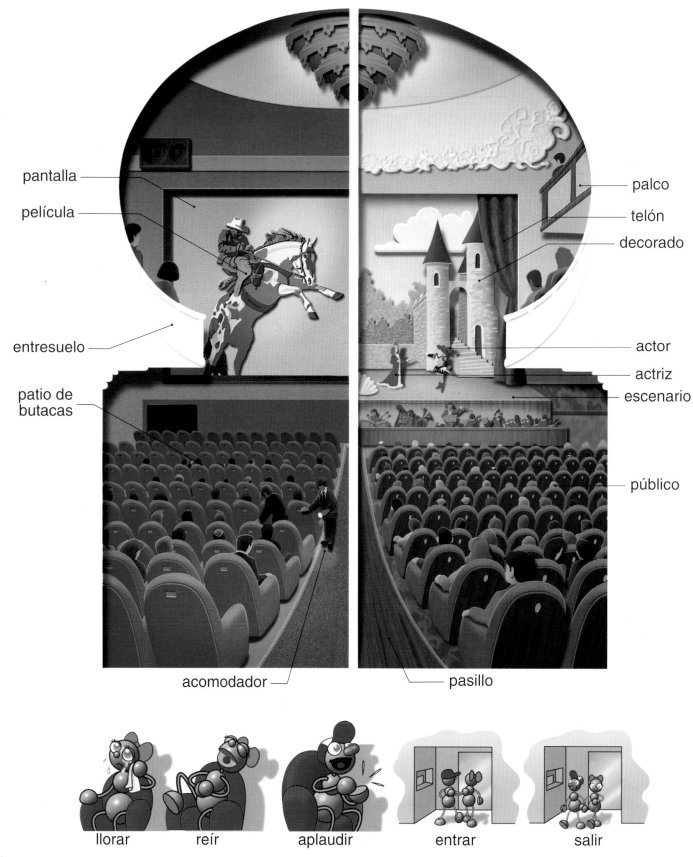

pantalla

película

entresuelo

patio de
butacas

palco

telón

decorado

actor

actriz

escenario

público

acomodador

pasillo

llorar     reír     aplaudir     entrar     salir

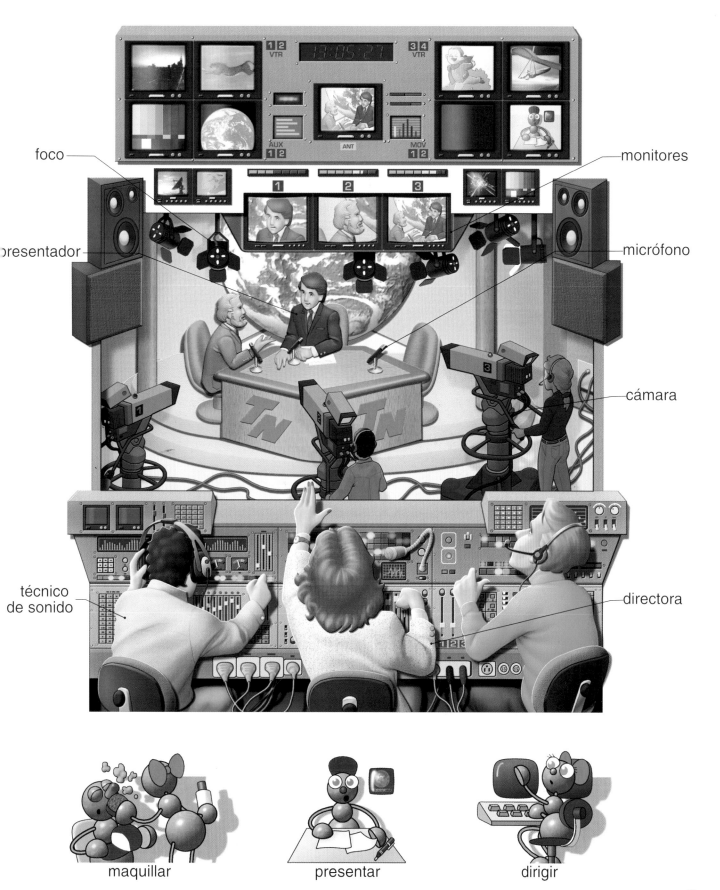

foco

monitores

presentador

micrófono

cámara

técnico de sonido

directora

maquillar

presentar

dirigir

# Los instrumentos musicales

órgano electrónico

arpa

piano

violín

violonchelo

contrabajo

xilófono

timbal

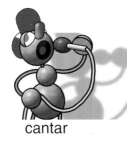

cantar

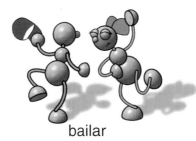

bailar

zapatear

guitarra eléctrica

amplificador

batería

saxofón

trompeta

trombón

flauta

clarinete

castañuela

pandereta

maraca       tambor       platillo

rasguear       sacudir       soplar

# El baloncesto

jugadora

balón

aro

tablero

cesto

suplente

árbitro

juez

banco

rodillera

bota

botar

empujar

encestar

pasar

altísima

menuda

fatigada

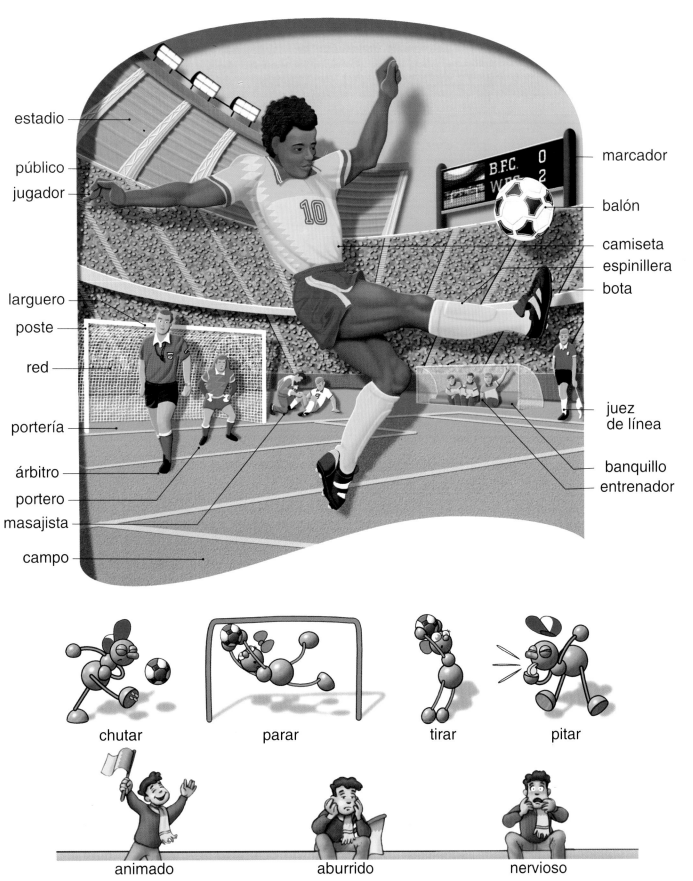

estadio

público

jugador

larguero

poste

red

portería

árbitro

portero

masajista

campo

marcador

balón

camiseta

espinillera

bota

juez
de línea

banquillo

entrenador

B.F.C. 0
W.F.C. 2

chutar

parar

tirar

pitar

animado

aburrido

nervioso

# El tenis

tenista

juez de línea

raqueta

muñequera

pelota

red

pista

lanzar      devolver      avanzar      golpear

# La natación

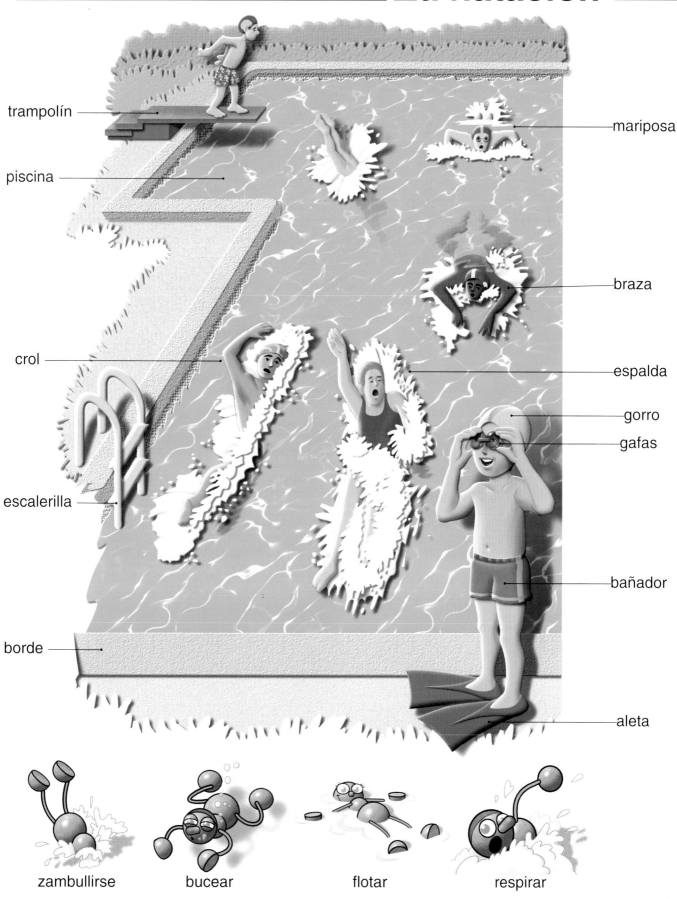

trampolín

mariposa

piscina

braza

crol

espalda

gorro

gafas

escalerilla

bañador

borde

aleta

zambullirse

bucear

flotar

respirar

# El esquí

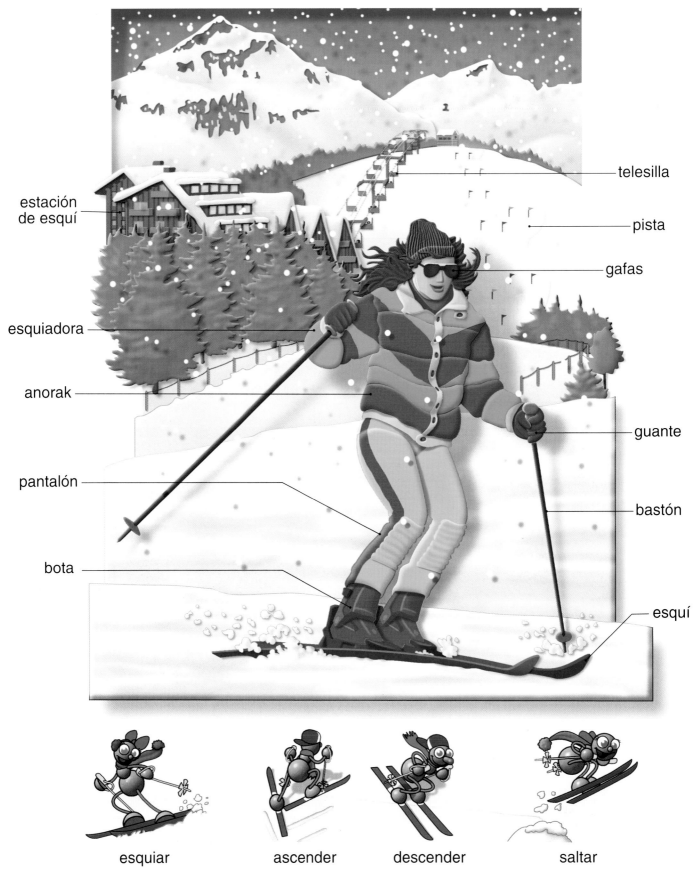

telesilla

estación de esquí

pista

gafas

esquiadora

anorak

guante

pantalón

bastón

bota

esquí

esquiar

ascender

descender

saltar

# La gimnasia y el atletismo

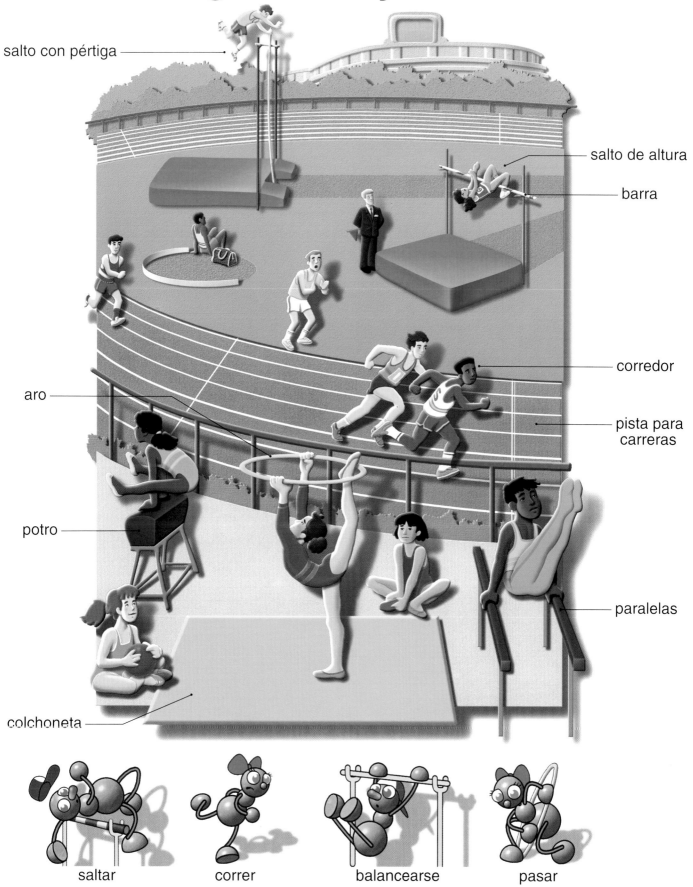

salto con pértiga

salto de altura

barra

corredor

aro

pista para carreras

potro

paralelas

colchoneta

saltar

correr

balancearse

pasar

# LA SALUD
## Salud y enfermedad

doctora

receta

termómetro

dolor de cabeza

catarro

enferma

cuentagotas

pomada

jarabe

píldora

cápsula

curar  estornudar  vomitar  examinar  toser

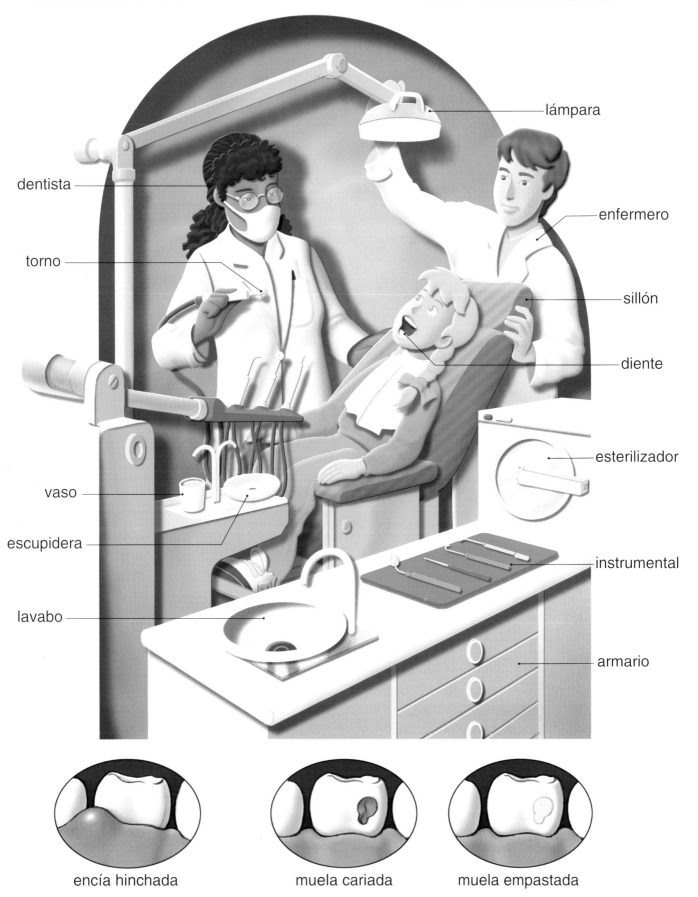

lámpara

dentista

enfermero

torno

sillón

diente

esterilizador

vaso

escupidera

instrumental

lavabo

armario

encía hinchada

muela cariada

muela empastada

## El hospital

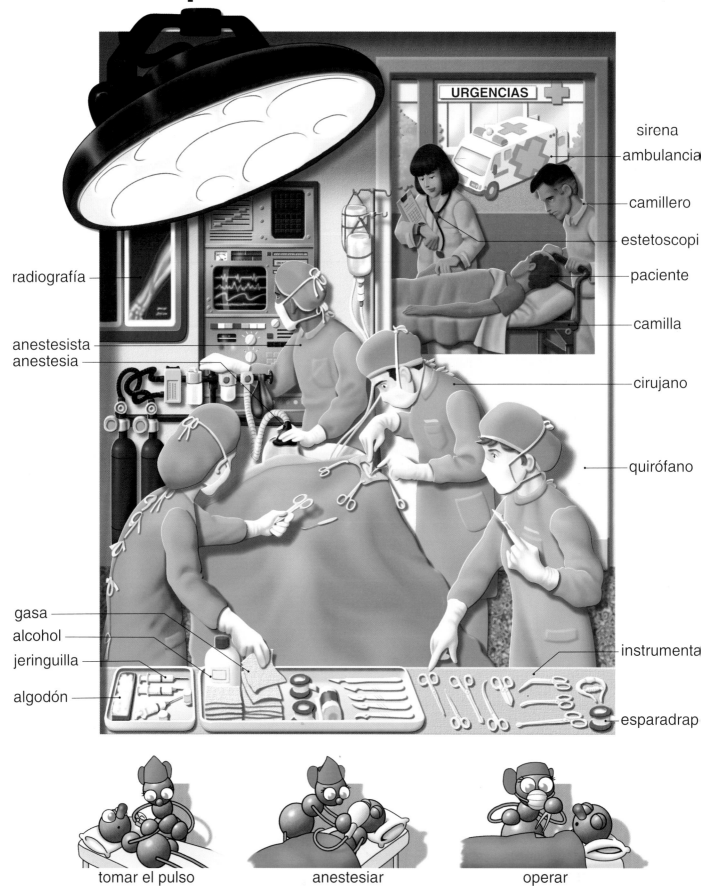

sirena
ambulancia
camillero
estetoscopi
paciente
camilla
cirujano
quirófano
instrumenta
esparadrap

URGENCIAS

radiografía
anestesista
anestesia

gasa
alcohol
jeringuilla
algodón

tomar el pulso

anestesiar

operar

# Los bomberos

coche de bomberos

escalera

casco

alarma

bombero

manguera

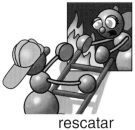

rescatar

marearse

apagar

# La oficina de correos

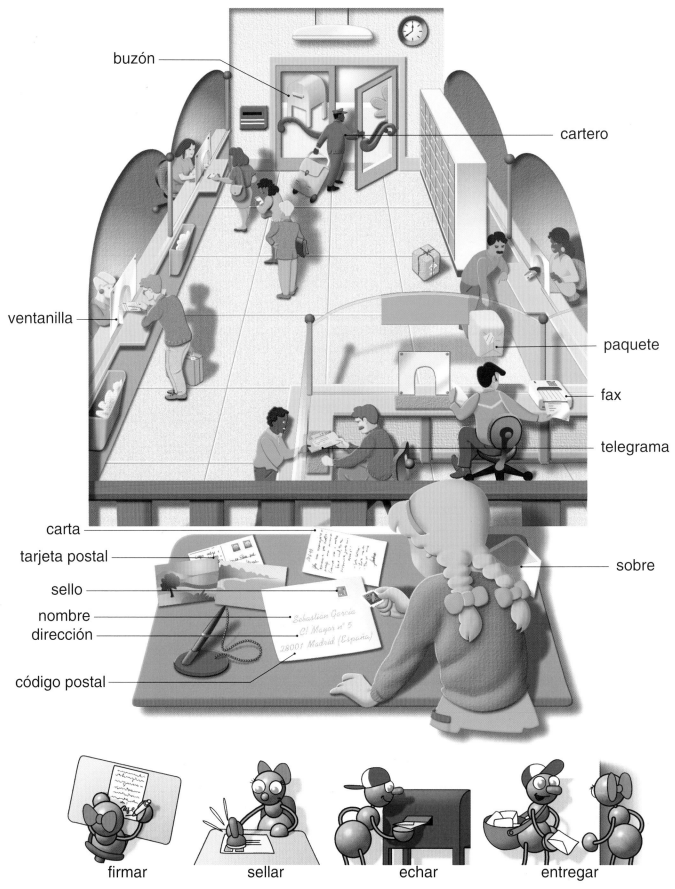

buzón

cartero

ventanilla

paquete

fax

telegrama

carta

tarjeta postal

sobre

sello

nombre

dirección

código postal

Sebastián García
C/ Mayor nº 5
28001 Madrid (España)

firmar

sellar

echar

entregar

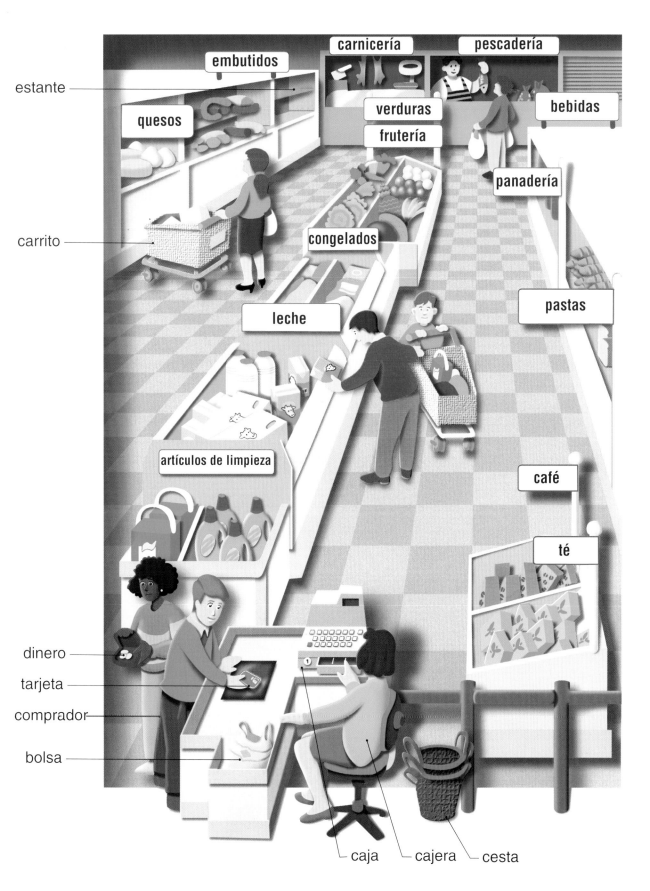

estante

quesos

embutidos

carnicería

pescadería

verduras

fruterías

bebidas

panadería

carrito

congelados

pastas

leche

artículos de limpieza

café

té

dinero

tarjeta

comprador

bolsa

caja    cajera    cesta

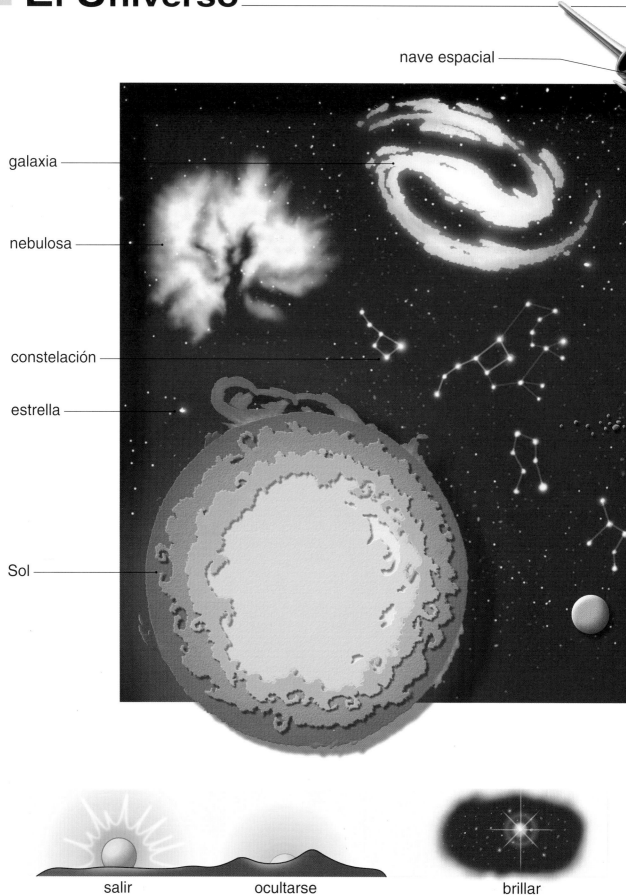

nave espacial

galaxia

nebulosa

constelación

estrella

Sol

salir

ocultarse

brillar

cometa

asteroide

planeta

satélite artificial

Luna

Tierra

acercarse

alejarse

alunizar

# El campo

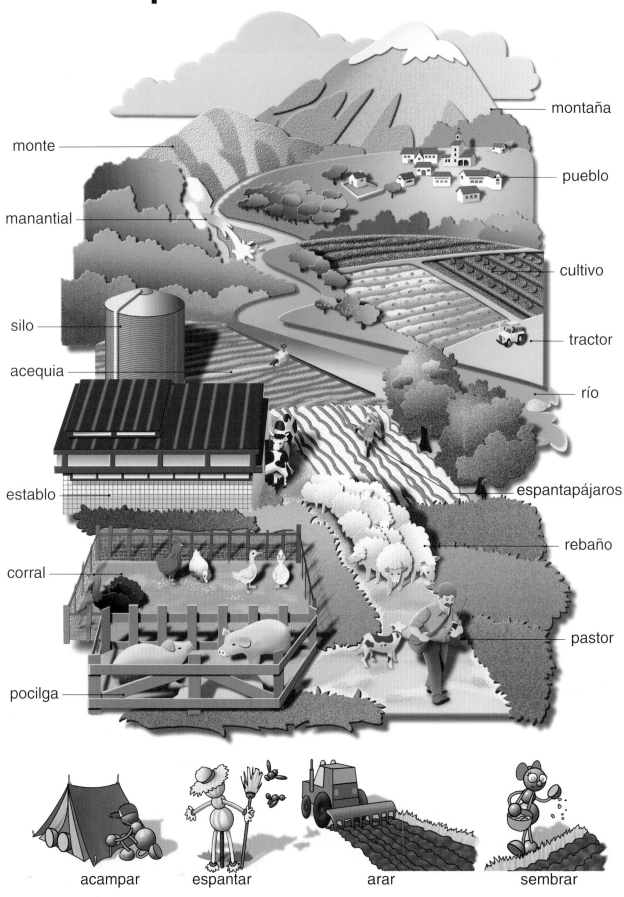

montaña

monte

pueblo

manantial

cultivo

silo

tractor

acequia

río

establo

espantapájaros

rebaño

corral

pastor

pocilga

acampar

espantar

arar

sembrar

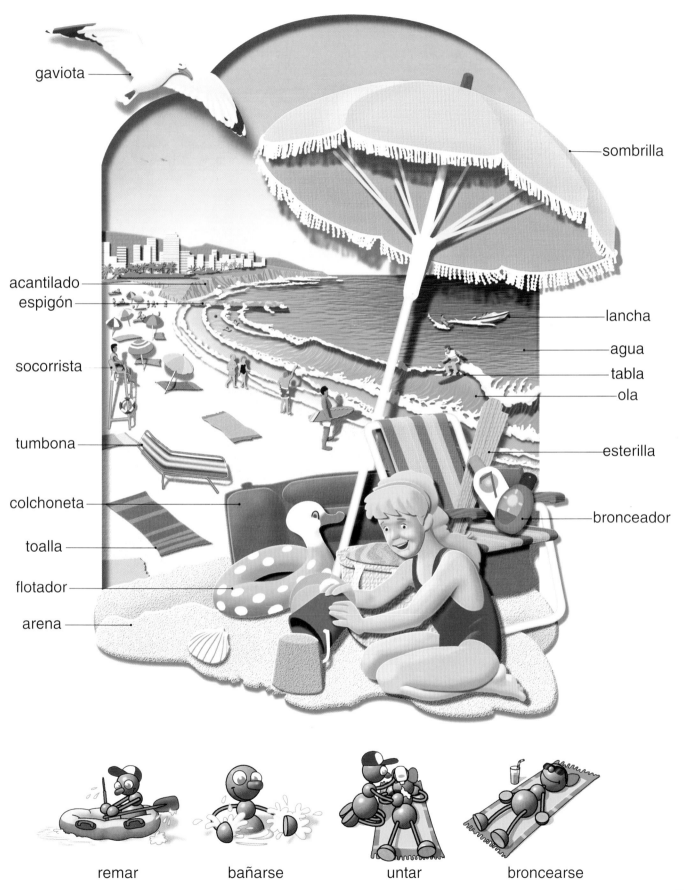

gaviota

sombrilla

acantilado

espigón

lancha

agua

socorrista

tabla

ola

tumbona

esterilla

colchoneta

bronceador

toalla

flotador

arena

remar

bañarse

untar

broncearse

# El clima

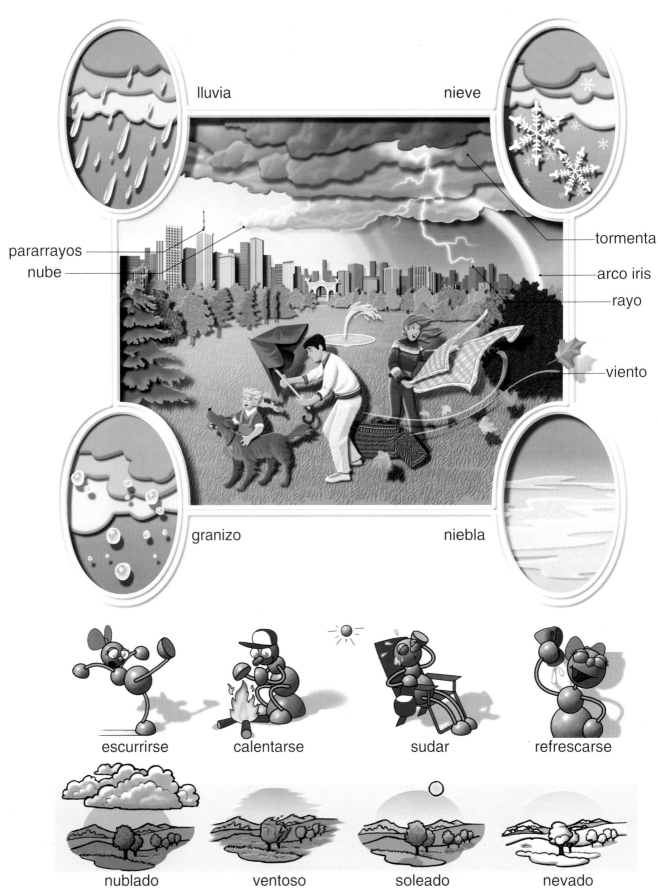

lluvia

nieve

pararrayos

nube

tormenta

arco iris

rayo

viento

granizo

niebla

escurrirse

calentarse

sudar

refrescarse

nublado

ventoso

soleado

nevado

invierno

primavera

otoño

verano

brotar

florecer

recoger

amontonar

día otoñal

día invernal

día primaveral

día veraniego

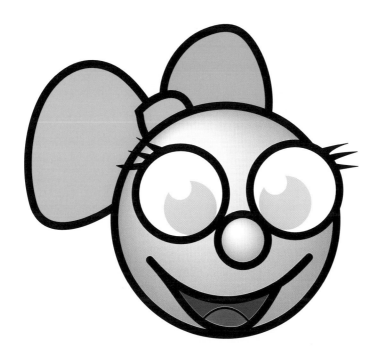

# DICCIONARIO

 **a**

**a la derecha:** una cosa está a la derecha cuando está colocada en el lado contrario al corazón. El gato marrón está a la derecha de la pecera (pág. 21).

**a la izquierda:** una cosa está a la izquierda cuando está colocada en el mismo lado que el corazón. El gato atigrado está a la izquierda de la pecera (pág. 21).

**abajo:** es lo contrario de *arriba*. El gato marrón está abajo porque está en el suelo (pág. 20).

**abdomen:** es la parte de nuestro cuerpo que está entre el pecho y la cintura. La mariposa y la abeja tienen abdomen (págs. 37 y 38).

**abdominal:** es el nombre de cada músculo que está en el abdomen (pág. 7).

**abeja:** es un insecto de color marrón que tiene un aguijón en el abdomen. Vive en los huecos de los árboles o en una colmena y fabrica la miel (pág. 38).

**abeto:** es el árbol de Navidad. Las hojas tienen forma de aguja y la copa tiene forma de cono (pág. 42).

**abierto, abierta:** es lo contrario de *cerrado*. Un libro está abierto cuando lo estamos leyendo (pág. 22).

**abogado, abogada:** es una persona que ha estudiado las leyes que debemos cumplir y defiende nuestros derechos (pág. 52).

**abrazar:** es rodear a otra persona con los brazos para demostrarle cariño (pág. 11).

**abrelatas:** es un aparato que sirve para abrir las latas de conserva (pág. 18).

**abrocharse:** es cerrar una prenda de vestir con los botones, con la cremallera o con un cierre (pág. 12).
También **nos abrochamos** el cinturón de seguridad en el avión (pág. 59).

**abuelo, abuela:** el padre de tu mamá es tu abuelo. También es tu abuelo el padre de tu papá.
La madre de tu mamá es tu abuela. También es tu abuela la madre de tu papá (pág. 10).

**aburrido, aburrida:** es lo contrario de *divertido*. Una persona está aburrida cuando algo no la entretiene y no lo pasa bien (pág. 71).

**acampar:** es poner una tienda de campaña en el campo para pasar allí unos días o más tiempo (pág. 84).

**acantilado:** es un conjunto de rocas altas que dan al mar (pág. 85).

**acelga:** es una verdura que tiene el tallo blanco y las hojas grandes de color verde oscuro. Comemos las acelgas hervidas o rehogadas (pág. 45).

**acequia:** es una zanja por donde circula el agua que se usa para regar los campos (pág. 84).

**acera:** es la parte más alta de la calle por donde caminan las personas (pág. 49).

**acercarse:** es lo contrario de *alejarse*. El gato gris se acerca (pág. 20).
Una nave espacial se acerca a la Tierra cuando vuelve de la Luna (pág. 83).

**acomodador, acomodadora:** es la persona que nos lleva hasta nuestro asiento en el cine o en el teatro (pág. 66).

**acondicionador de aire:** es un aparato que sirve para calentar o enfriar una habitación (pág. 15).

**actor, actriz:** es una persona que representa un personaje en una película o en una obra de teatro (pág. 66).

**adelantar:** es pasar delante de alguien o de algo y dejarlo atrás. El gato atigrado se adelanta y el gato gris se queda atrás (pág. 20).
Un coche adelanta a otro vehículo cuando pasa más deprisa y se pone delante (pág. 50).

**adornar:** es poner adornos a una cosa para que esté más bonita (pág. 11).

**aduana:** es una oficina de la policía que hay en los aeropuertos, en los puertos y en las fronteras para controlar a los viajeros y a las mercancías (págs. 58 y 60).

**aeropuerto:** es la estación de donde salen y adonde llegan los aviones (pág. 58).

**afilado, afilada:** los dientes del tiburón son afilados porque terminan en una punta muy fina y cortan como cuchillos (pág. 35).

**agacharse:** es bajar el cuerpo doblando las piernas (pág. 6).

**agalla:** es una parte del cuerpo de los peces que les sirve para respirar (pág. 35).

**ágil:** un animal o una persona es ágil cuando se mueve con facilidad y rapidez (pág. 31).

**agua:** es un líquido que no tiene color, olor ni sabor. El agua forma los ríos, los lagos y los mares (pág. 85).

**aguijón:** es una punta afilada que tienen en el cuerpo algunos insectos y lo clavan cuando atacan (pág. 38).

**águila:** es un ave grande que tiene el pico curvo y afilado. Las plumas son de color pardo y vuela muy alto (pág. 41).

**ajo:** el ajo tiene un sabor fuerte y algo picante. Se echa en muchas comidas. La cabeza de ajo es redonda, blanca y está formada por dientes (pág. 45).

**ala:** es la parte del cuerpo de algunos animales que les sirve para volar (págs. 33, 37 y 38).
Los aviones también tienen **alas** (pág. 59).

**álamo:** es un árbol alto que tiene las hojas anchas y con forma de corazón (pág. 42).

**alarma:** es un aparato que se pone en una tienda, en un coche o en otro sitio y hace sonar un timbre para avisar que hay un peligro (pág. 79).

**albañil:** es una persona que trabaja construyendo casas y otros edificios (pág. 52).

**albaricoque:** es una fruta jugosa y dulce con un hueso en el centro. Tiene una piel muy fina de color rosado o amarillo (pág. 44).

**alcachofa:** es una verdura que tiene forma de piña con las hojas muy juntas y apretadas (pág. 45).

**alcantarilla:** es un hueco que hay junto al borde de las aceras por donde se va el agua de la lluvia (pág. 49).

**alcohol:** es un líquido que tiene un olor fuerte, no tiene color y se usa para curar heridas (pág. 78).

**alejarse:** es lo contrario de *acercarse*. El gato atigrado se aleja (pág. 20).
Una nave espacial se aleja de la Tierra cuando marcha hacia la Luna (pág. 83).

**aleta:** es parecida a un ala pequeña. Los peces tienen aletas que mueven para nadar (pág. 35).
También se llama **aleta** a un calzado de

goma que podemos usar para nadar (pág. 73).

**alfombra:** es un tejido especial que se pone en el suelo de una habitación o de un pasillo (pág. 15).

**alfombrilla:** es una alfombra pequeña que se pone junto a la bañera, junto al lavabo y junto al bidé (pág. 17).

**algodón:** es una planta que da una pelusa blanca. Los médicos usan el algodón para limpiar heridas (pág. 78).

**almeja:** es un animal que tiene su cuerpo encerrado en dos conchas y vive en el mar enterrado en la arena (pág. 40).

**almendra:** es un fruto seco de forma ovalada envuelto en una cáscara dura (pág. 44).

**almohada:** es un saco relleno y blando para poner la cabeza cuando estamos en la cama (pág. 16).

**altísimo, altísima:** una persona es altísima cuando es muy alta. Algunos jugadores de baloncesto son altísimos (pág. 70).

**alto, alta:** es lo contrario de *bajo.* Algunas personas son altas (pág. 6).

**alumno, alumna:** es una persona que va al colegio para aprender (pág. 22).

**alunizar:** es llegar una nave a la Luna y posarse en ella (pág. 83).

**amable:** un conductor es amable cuando espera a que crucemos la calle (pág. 49).

**amarillo:** es un color del arco iris. Los plátanos y los limones maduros son de color amarillo (pág. 25).

**ambulancia:** es una camioneta preparada para transportar rápidamente a un enfermo. Lleva una sirena y unas luces para avisar a los coches que va muy deprisa (pág. 78).

**amontonar:** es hacer montones, poniendo una cosa encima de otra.

Podemos amontonar la nieve para hacer un muñeco (pág. 87).

**amplificador:** es un aparato con altavoces para que la música se oiga mejor y más fuerte (pág. 69).

**anaranjado:** es un color del arco iris. Las naranjas y las mandarinas maduras son de color anaranjado (pág. 24).

**anca:** es cada parte trasera del caballo y de otros animales (pág. 31).

**ancho, ancha:** es lo contrario de *estrecho.* Un pantalón es ancho cuando es amplio y no aprieta el cuerpo (pág. 13).

**ancla:** es un gancho de hierro atado a una cadena que echan los barcos al fondo del mar para quedar sujetos cuando se detienen (pág. 61).

**andén:** es la acera que hay en las estaciones junto a las vías, para las personas que suben y bajan del tren (pág. 56).

**anestesia:** es una medicina que se pone a un enfermo para que no sienta dolores durante una operación (pág. 78).

**anestesiar:** es poner la anestesia a un enfermo (pág. 78).

**anestesista:** es el médico que pone la anestesia a un enfermo que van a operar (pág. 78).

**animado, animada:** una persona está animada cuando se divierte y lo pasa bien (pág. 71).

**animal:** una abeja, un mono, un águila, una serpiente o un tiburón son animales. Los animales, lo mismo que las personas y las plantas, nacen, crecen, tienen hijos parecidos a ellos y mueren (págs. 28, 40 y 41).

**anorak:** es una especie de chaquetón impermeable que abriga mucho (pág. 74).

**antena:** es un aparato que sirve para recibir las señales de televisión y de radio (págs. 14 y 54).

También se llama **antena** la parte del cuerpo de algunos animales que les sirve para orientarse (págs. 37 y 38).

**antiguo, antigua:** es lo contrario de *moderno.* Un coche es antiguo cuando tiene muchos años (pág. 54).

**añil:** es un color del arco iris. Algunas ropas que se usan para trabajar son de color añil (pág. 25).

**apagado, apagada:** es lo contrario de *encendido.* Una vela está apagada cuando no da luz (pág. 11).

**apagar:** es quitar la luz o el fuego. Los bomberos apagan el fuego con agua (pág. 79).

**aparato electrónico:** un televisor, un vídeo o un ordenador es un aparato electrónico (pág. 64).

**aparcar:** es colocar el coche en un sitio para dejarlo allí (pág. 50).

**apio:** es una verdura de tallo blanco, largo y con hebras. Sus hojas son pequeñas y de color verde. El apio se puede comer crudo o cocido (pág. 45).

**aplaudir:** es hacer chocar con ruido las palmas de las manos para demostrar que algo nos gusta (pág. 66).

**arañar:** es herir la piel de alguien o rayar algo con las uñas (pág. 31).

**arar:** es hacer surcos en la tierra para sembrar después (pág. 84).

**árbitro:** es la persona que hace cumplir todo lo que deben hacer los jugadores durante el juego. Hay un árbitro en un partido de fútbol, de baloncesto y en otros deportes (págs. 70 y 71).

**árbol:** es una planta que tiene raíz, tronco y ramas con hojas. Las ramas con hojas forman la copa del árbol (pág. 42).

**arcén:** es el borde de algunas carreteras y autopistas donde pueden pararse los coches (pág. 50).

**arco iris:** es el arco formado por siete colores que vemos a veces en el cielo cuando llueve (págs. 24 y 86).

**área de descanso:** es un sitio que está junto a una autopista y sirve para descansar (pág. 50).

**área de servicio:** es un sitio que está junto a una autopista. Suele haber una gasolinera, una tienda, una cafetería y otras cosas (pág. 51).

**arena:** es el conjunto de trozos pequeñísimos de roca que hay en las playas (pág. 85).

**armario:** es un mueble que sirve para guardar ropa, vasos, platos y otras cosas (pág. 16).

**aro:** es el anillo que sujeta la red en el cesto de baloncesto (pág. 70). También se llama **aro** un anillo grande que se usa para hacer gimnasia (pág. 75).

**arpa:** es un instrumento musical de forma triangular. Tiene muchas cuerdas que se hacen sonar con los dedos (pág. 68).

**arqueopterix:** era un dinosaurio del tamaño de una paloma. Tenía una cola larga y dientes como los reptiles, pero tenía alas y el cuerpo cubierto de plumas como las aves. Sus alas terminaban en tres dedos con forma de garras. Comía insectos pequeños (pág. 29).

**arriba:** es lo contrario de *abajo.* El gato atigrado está arriba porque está lejos del suelo (pág. 20).

**arrojar:** es tirar una cosa. Arrojamos papeles a la papelera (pág. 48).

**arroz:** es un cereal que tiene unos granos blancos de forma ovalada. Comemos los granos de arroz cocidos (pág. 45).

**arrugado, arrugada:** una cosa está arrugada cuando tiene arrugas y no está lisa. Una camisa está arrugada cuando no está planchada (pág. 13).

**artículo de limpieza:** es cada una de las cosas que se usan para limpiar la casa, como el detergente, la lejía, el cepillo, la esponja o la fregona (pág. 81).

**ascender:** es subir. Podemos ascender cuando subimos por una montaña, por una escalera o por una cuesta (pág. 74).

**asiento:** es una silla, una butaca o un lugar donde se sienta una persona. Los coches y otros vehículos tienen asientos (págs. 54, 55 y 57).

**asomarse:** es acercar el cuerpo a un balcón, una ventana o una puerta y mirar desde allí (pág. 14).

**asteroide:** es cada astro pequeño que hay entre los planetas Marte y Júpiter (pág. 83).

**asustadizo, asustadiza:** una persona o un animal es asustadizo cuando se asusta con facilidad (pág. 30).

**atacar:** una persona o un animal ataca cuando va contra otro para hacerle daño (pág. 35).

**atento, atenta:** es lo contrario de *distraído.* Una persona está atenta cuando escucha y mira sin distraerse (pág. 22).

**aterrizar:** es lo contrario de *despegar.* Un avión aterriza cuando baja y toca tierra con las ruedas (pág. 59).

**atigrado, atigrada:** un gato atigrado tiene la piel con rayas como los tigres (pág. 21).

**atletismo:** es un conjunto de deportes. El salto y la carrera son algunos de los deportes del atletismo (pág. 63).

**atracar:** es acercar un barco a un muelle o a otro lugar del puerto (pág. 60).

**atrapar:** es coger algo que se puede escapar. El pulpo atrapa peces (pág. 39).

**auriculares:** son dos aparatos que nos ponemos en las orejas para oír música (pág. 64).

**autopista:** es una carretera con dos calles anchas, una de ida y otra de vuelta, por las que circulan muchos vehículos. Las dos calles están separadas por una valla u otra cosa (pág. 50).

**avanzar:** es dar pasos hacia adelante (pág. 72).

**avellana:** es un fruto seco que tiene forma de garbanzo y está envuelto en una cáscara dura (pág. 44).

**avería:** un vehículo tiene una avería cuando funciona mal o cuando se le ha roto una o más piezas (pág. 51).

**avestruz:** es la más grande de todas las aves. Tiene el cuello muy largo y unas patas muy fuertes. Corre muy deprisa pero no vuela (pág. 41).

**avión:** es un vehículo que vuela, tiene dos alas y motores. Puede transportar a muchos viajeros (pág. 59).

**azafata:** es una mujer que atiende a los pasajeros en el tren o en el avión. La azafata reparte periódicos, bebidas, mantas y otras cosas (págs. 57 y 59).

**azucarero:** es una vasija que se usa para servir el azúcar en la mesa (pág. 19).

**azucena:** es una flor grande que huele muy bien y casi siempre tiene color blanco aunque también hay azucenas anaranjadas o rojas (pág. 43).

**azul:** es un color del arco iris. Vemos el cielo de color azul cuando no está nublado y es de día (pág. 24).

**baba:** es un líquido pegajoso que despide el caracol y que le ayuda a andar (pág. 39).

**bailar:** es mover el cuerpo siguiendo una música (pág. 68).

**bajar:** es lo contrario de *subir*. Bajamos una escalera o una cuesta cuando vamos hacia abajo (pág. 14).

**bajo, baja:** es lo contrario de *alto*. Algunas personas son bajas (pág. 6).

**balancearse:** es mover el cuerpo sin apoyar los pies en el suelo. Nos balanceamos hacia adelante y hacia atrás o de un lado a otro (pág. 75).

**balancín:** es una barra que está fija en el centro y tiene a cada lado un asiento que sube y baja (pág. 62).

**balar:** la oveja bala cuando hace ¡bee, bee! (pág. 32).

**ballena:** es el más grande de todos los animales. Vive en el mar y respira por unos agujeros que echan un chorro de aire caliente cuando sale a la superficie (pág. 40).

**balón:** es una pelota grande que se usa en algunos deportes como el baloncesto o el fútbol (págs. 70 y 71).

**baloncesto:** es un juego entre dos equipos. Para marcar tantos hay que meter un balón en una cesta. El balón se puede lanzar sólo con las manos (pág. 70).

**banco:** es un sitio donde podemos guardar el dinero y sacarlo con un cheque, con una cartilla o con una tarjeta cuando nos hace falta (pág. 48).

**bandeja:** la bandeja se usa para llevar platos, bebidas o comidas de un sitio a otro (pág. 19).

**banderín:** es una bandera pequeña de forma triangular (pág. 16).

**banquillo:** es donde se sientan los suplentes y el entrenador en los partidos de fútbol y en otros deportes (pág. 71).

**bañador:** es una prenda de vestir que no cubre los brazos ni las piernas y que usamos para bañarnos en el mar o en la piscina (pág. 73).

**bañarse:** es meterse dentro del agua. Nos bañamos en una bañera, en el mar o en la piscina (pág. 85).

**bañera:** es una pila grande que sirve para bañarse o ducharse (pág. 17).

**barba:** es la parte carnosa y roja que tienen los gallos y las gallinas debajo del pico (pág. 33).

**barco:** es un vehículo que va por el agua. Puede transportar personas y carga. Hay muchas clases de barcos (pág. 61).

**barra:** es un tubo o un palo recto y largo que no se puede doblar (pág. 75).

**bastón:** es un palo que se apoya en el suelo y que ayuda a caminar. También se usan **bastones** para ayudarse a avanzar cuando se está esquiando (pág. 74).

**bata:** es una prenda de vestir, abierta por delante, que se usa para estar cómodos dentro de casa (pág. 13).

**batería:** es un aparato que sirve para dar electricidad a los coches y otras máquinas (pág. 54).
También se llama **batería** a un conjunto de instrumentos musicales que se tocan golpeándolos, como los platillos, el tambor o el bombo (pág. 69).

**batidora:** es un aparato que sirve para batir huevos y otros alimentos (pág. 18).

**batir:** es remover algunos alimentos con un tenedor o con la batidora. Batimos los huevos para hacer una tortilla, un flan o una tarta (pág. 19).

**bebida:** es cualquier líquido que bebemos. El agua, los zumos, los refrescos o los vinos son bebidas (pág. 81).

**berenjena:** es una verdura de forma alargada que tiene la piel morada y por dentro es blanca (pág. 45).

96

**besar:** es dar besos para demostrar cariño (pág. 11).

**biblioteca:** es un sitio donde hay muchos libros ordenados en estanterías. A la biblioteca podemos ir a leer libros o a pedirlos prestados (pág. 48).

**bíceps:** son dos músculos que tenemos en cada brazo y en cada muslo (pág. 7).

**bicicleta:** es un vehículo de dos ruedas, sin motor, que tiene un sillín, un manillar, unos pedales y unos frenos (pág. 55).

**bidé:** es una pila pequeña y baja que sirve para sentarse y lavarse (pág. 17).

**bigote:** es el pelo que crece entre la nariz y la boca. Algunos animales tienen bigote, como el gato (pág. 30).

**billete:** es una tarjeta o un papel que nos dan cuando pagamos un viaje en tren, en autocar o en avión (págs. 56 y 58).

**blanco, blanca:** una cosa es blanca cuando tiene el mismo color que la nieve (pág. 25).

**blando, blanda:** es lo contrario de *duro.* Un flan es blando (pág. 9). También es blando el cuerpo de un pulpo (pág. 39).

**bloc:** es un conjunto de hojas de papel unidas por un lado que pueden arrancarse con facilidad (pág. 23).

**blusa:** es una camisa que usan las niñas y las mujeres (pág. 12).

**boca:** es la parte del cuerpo por donde tomamos los alimentos las personas y los animales (pág. 35).

**bodega:** es la parte de un barco donde se pone la carga (pág. 61).

**boina:** es un gorro redondo que se ajusta a la cabeza (pág. 12).

**bolígrafo:** el bolígrafo sirve para escribir. Tiene dentro un tubo con tinta y termina en una punta con forma de bolita (pág. 23).

**bolsa:** es un saco de papel o de plástico que sirve para guardar y llevar las cosas que compramos (pág. 81).

**bombero:** es una persona que trabaja para ayudar cuando hay un incendio, una inundación, un derrumbamiento y siempre que hay un peligro (pág. 67).

**bombón:** es un dulce pequeño que se hace con chocolate (pág. 11).

**bonito, bonita:** es lo contrario de *feo.* La rosa es una flor bonita (pág. 43).

**borde:** es la terminación de una cosa, como la orilla de la piscina (pág. 73).

**borrador:** es un trozo de tela o un cepillo que sirve para borrar el encerado (pág. 22).

**borrar:** borramos cuando hacemos desaparecer lo que está escrito o dibujado (pág. 22).

**bota:** es un calzado que cubre el pie hasta más arriba del tobillo. Hay muchas clases de botas para vestir y para practicar algunos deportes (págs. 70, 71 y 74).

**botar:** el balón bota cuando salta hacia arriba después de dar contra el suelo (pág. 70).

**bote:** es un barco pequeño que se mueve con remos (pág. 60). Un **bote salvavidas** es el que llevan los barcos y se echa al agua si hay un accidente en el mar para salvar a los pasajeros  (pág. 61).

**boya:** es un objeto que está sujeto al fondo del mar pero flota y se ve. Sirve para indicar que en ese sitio hay peligro (pág. 60).

**braga:** es una prenda interior que usan las niñas y las mujeres. Cubre desde la cintura hasta el principio de los muslos (pág. 13).

**braquiosaurio:** era un dinosaurio que medía unos 19 metros de largo.
Sus patas delanteras eran más altas que las traseras. Tenía una cabeza pequeña y un cuello muy largo y se alimentaba de las copas de los árboles (pág. 28).

**braza:** es una forma de nadar. Se nada a braza cuando se tiene el cuerpo boca abajo y se mueven los brazos y las piernas estirándolos y encogiéndolos para avanzar (pág. 73).

**brazo:** es la parte del cuerpo que va desde el hombro hasta la mano. Las personas tenemos dos brazos (pág. 6).

**brillar:** es tener mucho brillo, dar una luz muy fuerte. Las estrellas brillan en el cielo (pág. 82).

**bronceador:** es una crema o un líquido que se pone en la piel para protegerla y ponerla morena mientras tomamos el sol (pág. 85).

**broncearse:** es ponerse la piel morena (pág. 85).

**brotar:** una planta brota cuando empieza a crecer o cuando le salen partes nuevas (pág. 87).

**bucear:** es nadar con todo el cuerpo por debajo del agua (pág. 73).

**bus:** es un vehículo que sirve para transportar a muchas personas.
En el aeropuerto lleva a los pasajeros desde la terminal hasta el avión o desde el avión hasta la terminal (pág. 58).

**butaca:** es un asiento más grande que una silla, blando, cómodo, con respaldo y brazos. Sirve para sentarse una sola persona (pág. 15).

**buzón:** es una caja con una abertura por donde se meten las cartas para el correo (págs. 49 y 80).

# C

**caballo:** es un animal grande que tiene el cuerpo cubierto de pelo, cuatro patas, cabeza alargada, orejas pequeñas y crines en el cuello (pág. 31).

**cabeza:** es la parte del cuerpo donde tenemos los ojos, la boca, la nariz, las orejas y el pelo (pág. 6).
Los animales también tienen cabeza (págs. 36, 37 y 39).

**cabina:** es el lugar donde hay un teléfono para poder llamar cuando estamos en la calle (pág. 49).
También se llama **cabina** al sitio donde está la persona que conduce una locomotora, un camión o un avión (págs. 57 y 59).

**cacahuete:** es un fruto seco. La cáscara se parte con facilidad y dentro tiene varios granos. El cacahuete se come tostado (pág. 44).

**cacarear:** las gallinas cacarean cuando hacen ¡cocorocó! (pág. 33).

**cactus:** es una planta de tallo verde y carnoso, cubierto de espinas. Crece en lugares muy secos y necesita poca agua (pág. 42).

**cadena:** es una tira de metal o de otro material que une los pedales con la rueda trasera de la bicicleta para que se mueva (pág. 55).

**cadera:** es la parte saliente del cuerpo que está debajo de la cintura. Las personas tenemos dos caderas (pág. 6).

**café:** es la semilla de una planta. Esas semillas tostadas y molidas se mezclan con agua y se prepara una bebida caliente que también se llama **café** (pág. 81).

**cafetera:** es una máquina que sirve para hacer café (pág. 18).

También se llama **cafetera** a la vasija que se usa para servir el café (pág. 18).

**cafetería:** es un sitio donde podemos tomar bebidas y comidas en una barra o sentados a una mesa (pág. 48).

**caja:** es la máquina que suma y dice el dinero que tenemos que pagar en una tienda (pág. 81).

**cajero, cajera:** es una persona que trabaja en una caja. La cajera o cajero del supermercado cobra el dinero a los clientes (pág. 81).

**calabacín:** es una verdura de forma alargada que tiene la piel verde y por dentro es blanca (pág. 36).

**calamar:** es un animal que vive en el mar. Tiene el cuerpo alargado y tentáculos con ventosas para sujetarse a las rocas. Echa una tinta negra para defenderse de sus enemigos (pág. 40).

**calcetín:** es una prenda de vestir que se pone en cada pie. Llega hasta el tobillo o la pantorrilla (pág. 12).

**calculadora:** es una máquina que sirve para hacer cuentas (pág. 22).

**calentarse:** es quitarse el frío. Nos calentamos cuando estamos junto a un fuego, un radiador o una chimenea (pág. 86).

**caliente:** es lo contrario de *frío.* La sopa suele estar caliente (pág. 9).

**calle:** es el espacio que hay entre dos filas de casas. La calle suele tener dos aceras y una calzada en el centro (pág. 49).

**calzada:** es la parte de la calle por donde van los vehículos (pág. 49).

**calzarse:** nos calzamos cuando nos ponemos un calzado: botas, zapatos o zapatillas (pág. 13).

**calzoncillo:** es una prenda interior que usan los niños y los hombres. Cubre desde la cintura hasta el principio de los muslos. También puede ser como un pantalón muy corto (pág. 13).

**cama:** es el mueble donde nos acostamos para dormir (pág. 16).

**cámara:** es una máquina que sirve para tomar y filmar las imágenes de televisión o de cine (pág. 67). La **cámara de vídeo** sirve para filmar películas que luego vemos en el vídeo (pág. 65). La **cámara fotográfica** sirve para hacer fotos (pág. 65).

**camarón:** es un animal que vive en el mar. Es parecido a la gamba pero más pequeño (pág. 40).

**camarote:** es cada uno de los dormitorios para los pasajeros que hay en un barco (pág. 61).

**cambiar:** cambiamos cuando nos hacemos distintos. La mariposa cambia de forma: primero es una oruga, después una crisálida y después se hace adulta (pág. 37).

**cambio de sentido:** es una salida de la autopista que tiene una curva y un puente para volver por el otro lado de la autopista (pág. 50).

**camello:** es un animal que tiene el cuello largo, cuatro patas altas y dos gibas (pág. 31).

**camilla:** es una cama estrecha que se usa para llevar a un enfermo o un herido (pág. 78).

**camillero, camillera:** es la persona encargada de llevar las camillas con los enfermos o con los heridos (pág. 78).

**camino:** es un paso que se hace en los parques y jardines por donde caminan las personas para no pisar las plantas (pág. 46).

**camión:** es un vehículo grande que sirve para llevar de un sitio a otro animales, máquinas y muchas otras cosas (pág. 50).

99

**camiseta:** es una prenda de vestir sin cuello, con o sin manga. Se usa sola o debajo de otra ropa (pág. 13). Hay muchas clases de camisetas para practicar deportes (pág. 71).

**camisón:** es una prenda de vestir amplia y cómoda que usan las niñas y las mujeres para dormir (pág. 13).

**campo:** es un terreno que está fuera de las poblaciones donde hay animales, plantas y otras cosas (pág. 84). También se llama **campo** a la parte del estadio de fútbol donde se juega el partido (pág. 71).

**cangrejo:** es un animal que tiene el cuerpo con forma de araña y envuelto en un caparazón. Las patas delanteras terminan en pinzas. Hay cangrejos de río y cangrejos de mar (pág. 40).

**canguro:** es un animal con una cola larga y unas patas traseras fuertes con las que anda a saltos. Las hembras tienen una bolsa en el vientre, donde llevan sus crías (pág. 41).

**canica:** es una bolita de cristal o de plástico duro que usamos para jugar (pág. 62).

**cantar:** es decir con música una canción que hemos aprendido (pág. 68).

**caparazón:** es la parte dura que cubre y protege el cuerpo de la tortuga y de otros animales (pág. 34).

**capó:** es la tapa que cubre el motor de un automóvil (pág. 54).

**cápsula:** es una funda con forma de tubito que tiene dentro una medicina y se toma con agua (pág. 76).

**caracol:** es un animal de cuerpo blando protegido por una concha. Tiene una cabeza con tentáculos y anda arrastrándose por el suelo (pág. 39).

**caramelo:** es un dulce pequeño que tiene distintos sabores. Hay caramelos de fresa, de limón, de chocolate... (pág. 11).

**carga:** es el conjunto de productos que transporta un barco, como máquinas, cereales, madera y otras cosas (pág. 60).

**cargar:** cuando vamos a viajar, cargamos las maletas u otras cosas en el coche o en otro vehículo para transportarlas (pág. 56).

**carguero:** es un barco que transporta carga pero no pasajeros (pág. 60).

**cariado, cariada:** una muela cariada es una muela que tiene un agujerito y una infección (pág. 77).

**cariñoso, cariñosa:** una persona es cariñosa cuando nos demuestra cariño. También hay animales cariñosos (pág. 30).

**carnicería:** es la tienda donde se vende carne. También hay carnicería dentro de un supermercado (pág. 81).

**carnicero, carnicera:** es una persona que vende carne en una carnicería (pág. 52).

**carnívoro, carnívora:** un animal es carnívoro cuando sólo come carne (pág. 29).

**carpeta:** la carpeta sirve para guardar hojas de papel. Está formada por unas tapas de cartón o de plástico y puede tener dentro unas anillas (pág. 23).

**carretilla:** es un carrito con una sola rueda delante y unos brazos largos detrás para levantarla y moverla. Se usa para llevar tierra y otros materiales (pág. 47).

**carril:** es cada división de una calle o de una autopista por donde sólo debe ir una fila de coches (pág. 50).

**carrito:** es un carro pequeño que usamos en el supermercado para meter dentro lo que vamos comprando (pág. 81).

**carro:** es un transporte pequeño con ruedas que hay en las estaciones y aeropuertos. Se usa para llevar maletas, paquetes y otras cosas (pág. 56).

**carta:** es cada cartulina que hay en una baraja (pág. 63).
También se llama **carta** a un papel escrito que metemos en un sobre y lo enviamos por correo (pág. 80).

**cartera:** es parecida a una maleta pequeña con asa. En la cartera llevamos los libros y los cuadernos (pág. 23).

**cartero, cartera:** es la persona que reparte las cartas por las casas (pág. 80).

**casa:** es el edificio donde vivimos (pág. 14).
Se llama **casa de muñecas** a un juguete con forma de casa que sirve para jugar con muñecas (pág. 63).

**casco:** es la uña dura que tienen en cada pata el caballo y otros animales (pág. 31).
También se llama **casco** al cuerpo de un barco sin las máquinas y todas las cosas que lleva dentro (pág. 61).
Un **casco** es también un gorro duro que sirve para proteger la cabeza de los golpes (págs. 55 y 79).

**caseta:** es como una casa pequeña y casi siempre es de madera. La vivienda de un perro se llama caseta (pág. 14).

**castañuela:** es un instrumento musical formado por dos tablitas de madera que se golpean con los dedos para que suenen (pág. 69).

**castillo:** es un juguete que tiene forma de un castillo de verdad (pág. 63).

**catarro:** es una enfermedad. Con un catarro tenemos la nariz irritada y a veces tos y muchos mocos (pág. 76).

**catorce:** es diez más cuatro (pág. 26).

**cavar:** es hacer un hoyo en la tierra cuando se quiere plantar algo (pág. 47).

**cebolla:** la cebolla es redonda, blanca, jugosa y está formada por muchas capas.

Tiene un olor fuerte y un sabor picante. Se pone en guisos, en ensaladas y en otras comidas (pág. 45).

**cebra:** es un animal parecido a una mula. Su pelo tiene rayas blancas y negras (pág. 41).

**ceja:** es el borde de la frente cubierto de pelillos que está encima de cada ojo (págs. 9 y 30).

**cepillarse:** es pasar un cepillo para limpiarse. Nos cepillamos los dientes varias veces al día (pág. 17).

**cepillo:** es un trozo de madera o de plástico con cerdas que se usa para limpiar. Hay cepillos para limpiar los dientes, para limpiar la ropa, el suelo y otras cosas (pág. 17).

**cerca:** es lo contrario de *lejos*. El gato atigrado está cerca de ti (pág. 20).

**cereal:** es una clase de planta que tiene semillas con las que se puede hacer harina. El arroz, el trigo, el maíz y la cebada son cereales (pág. 45).

**cereza:** es una fruta redonda, pequeña, de color rojo y con un rabillo largo. Por dentro es jugosa y dulce (pág. 44).

**cerrado, cerrada:** es lo contrario de *abierto*. Si un libro está cerrado no podemos leerlo (pág. 22).

**cesta:** la cesta sirve para meter las cosas que compramos en el supermercado y llevarlas a la caja (pág. 81).

**cesto:** es un aro con una red sujeto a un tablero. El cesto es donde hay que meter el balón para conseguir tantos en el baloncesto (pág. 70).

**champiñón:** es una seta pequeña y blanca que tiene un tallo corto (pág. 45).

**champú:** es un jabón líquido para lavar el pelo (pág. 17).

101

**chaqueta:** es una prenda de vestir abierta por delante, con mangas, que llega por debajo de la cintura. La chaqueta se pone encima de otras ropas (pág. 12).

**chillón, chillona:** es una persona que chilla mucho. También hay animales chillones (pág. 33).

**chimenea:** es un tubo largo que empieza sobre la lumbre y termina sobre el tejado. Por la chimenea sale el humo (pág. 14). Algunos barcos tienen chimenea (pág. 61).

**chirimoya:** es una fruta que tiene la piel verde con un dibujo. Por dentro es blanca y dulce, con muchas pepitas negras (pág. 44).

**chocar:** dos vehículos chocan cuando se dan un golpe el uno contra el otro (pág. 51).

**chutar:** es tirar el balón dándole con el pie (pág. 71).

**cien:** es diez veces diez (pág. 26).

**cinco:** es cuatro más uno (pág. 26).

**cincuenta:** es cinco veces diez (pág. 26).

**cine:** es un sitio donde vamos a ver películas (págs. 48 y 66).

**cintura:** es la parte del cuerpo que está entre el abdomen y las caderas (pág. 6).

**cinturón:** es una tira que se pone alrededor de la cintura para sujetar una falda o un pantalón (pág. 12). Cuando vamos en un coche o en un avión nos ponemos un **cinturón de seguridad** para sujetarnos en el asiento (pág. 54).

**círculo:** es la superficie que está dentro de una circunferencia. La circunferencia es el borde del círculo (pág. 27).

**ciruela:** es una fruta redonda, jugosa y dulce con un hueso en el centro. Hay ciruelas amarillas, verdes y moradas (pág. 44).

**cirujano, cirujana:** es el médico que opera a los enfermos (pág. 78).

**ciudad:** es un lugar que tiene muchas calles, transportes, casas y otros edificios. Hay ciudades grandes y ciudades más pequeñas (pág. 48).

**clarinete:** es un instrumento musical que tiene la forma de un tubo que se ensancha al final. Se toca soplando (pág. 69).

**claro, clara:** es lo contrario de *oscuro.* Hay colores claros y colores oscuros (pág. 25).

**clase:** es la habitación del colegio donde el profesor o la profesora enseña y los alumnos aprenden (pág. 22).

**clavel:** es una flor que huele muy bien. Los pétalos terminan en forma de dientecitos. Hay claveles rojos, blancos, rosas, amarillos y de otros colores (pág. 43).

**clima:** es el tiempo que hace en un lugar. En los sitios donde casi no llueve hay un clima seco. En los sitios donde llueve mucho hay un clima húmedo (pág. 86).

**clip:** es un gancho de metal o de plástico que sirve para sujetar hojas de papel que están sueltas (pág. 23).

**cobertizo:** es una caseta que hay en el jardín o en la huerta y sirve para guardar las herramientas (pág. 46).

**cocer:** es cocinar un alimento, como las verduras o las legumbres, metiéndolo en agua muy caliente (pág. 45).

**coche:** es un vehículo de cuatro ruedas que se mueve con un motor y circula por las calles, las carreteras y las autopistas (pág. 54). También hay coches de juguete (pág. 63). Un **coche cama** es un vagón de tren con departamentos que tienen camas para dormir cuando se viaja por la noche (pág. 57).

Un **coche de bomberos** es un coche que tiene un depósito de agua, una manguera, una escalera muy alta y otras cosas. Se usa para apagar incendios (pág. 79).

**cocina:** es la habitación donde se hace la comida (págs. 18 y 19).
También se llama **cocina** al aparato que sirve para cocinar los alimentos (págs. 18 y 19).

**cocodrilo:** es un animal con una cabeza grande, una boca con dientes muy afilados y una cola larga. Su piel tiene escamas duras de color verdoso. Se arrastra apoyado en cuatro patas cortas. Puede vivir en la tierra y en el agua (pág. 40).

**código postal:** son los números que se escriben en el sobre de una carta junto al nombre de la ciudad, del pueblo o el barrio donde va la carta (pág. 80).

**codo:** es la parte del brazo que nos permite doblarlo (pág. 6).
También se llama **codo** la parte saliente de las patas de algunos animales, como el perro (pág. 30).

**coger el tren:** es subir al tren (pág. 56).

**col:** es una verdura que tiene las hojas anchas formando capas. Hay muchas clases de coles, como el repollo, la lombarda, las coles de Bruselas y la coliflor (pág. 45).

**cola:** es lo que sobresale de la parte de atrás del cuerpo de algunos animales (págs. 30, 33, 34 y 35).
Algunas cosas también tienen **cola,** como los aviones (pág. 59).

**colcha:** es una tela que cubre las sábanas, la manta y la almohada (pág. 16).

**colchoneta:** es un colchón delgado que se puede usar para hacer

gimnasia y para tumbarnos en la playa o en la piscina (págs. 75 y 85).

**coliflor:** es una clase de col. La parte que comemos es blanca y tiene forma de pequeños árboles muy juntos (pág. 45).

**colmena:** es el lugar donde las abejas viven, hacen sus panales y fabrican la miel (pág. 38).

**color:** vemos colores en todas las cosas. El rojo, el marrón, el gris y el amarillo son algunos de los colores (pág. 24).

**columna vertebral:** es una hilera de huesos unidos que está a lo largo del cuerpo, por la parte de atrás (pág. 7).

**columpiarse:** es subirse a un columpio y moverse hacia adelante y hacia atrás (pág. 62).

**columpio:** es un asiento colgado de dos cadenas o dos cuerdas que se mueve para adelante y para atrás (pág. 62).

**combustible:** es un líquido, como la gasolina, que necesitan los motores de los aviones o de otros vehículos para funcionar (pág. 58).

**comer:** es tomar alimentos por la boca. Las personas y los animales comen (pág. 8).

**cometa:** es un astro con una cola larga y brillante que recorre el espacio (pág. 83).
También se llama **cometa** a un juguete de papel o de tela que sujetamos con un cordel y puede volar alto (pág. 62).

**cómodo, cómoda:** estamos cómodos cuando estamos a gusto en un sitio (pág. 15).

**compás:** el compás se usa para dibujar circunferencias (pág. 23).

**comprador:** es la persona que compra en una tienda (pág. 81).

**comprar:** compramos cuando elegimos una cosa en una tienda, la pagamos y la llevamos (pág. 48).

**compsognatus:** era un dinosaurio que tenía el tamaño de un pollo. Era ágil y veloz y corría con sus patas traseras. Se alimentaba de insectos, caracoles y otros animales pequeños (pág. 29).

**concha:** es la parte dura que protege el cuerpo de algunos animales, como el caracol (pág. 39).

**conducir:** es dirigir un coche, una moto o cualquier otro vehículo (pág. 54).

**congelado, congelada:** un alimento está congelado cuando se enfría tanto como el hielo para conservarlo (pág. 81).

**cono:** el cono tiene un círculo en la base y termina en punta. Algunos gorros tienen forma de cono (pág. 27).

**consigna:** es un sitio que hay en las estaciones y que podemos usar para dejar guardadas las maletas por un tiempo (pág. 56).

**constelación:** es un conjunto de estrellas que forman una figura en el cielo (pág. 82).

**construcción:** es un conjunto de piezas de formas distintas con las que se pueden construir casas, castillos, torres y otras cosas (pág. 63).

**construir:** es hacer una cosa. Las abejas obreras construyen el panal (pág. 38).

**contenedor:** es un cubo grande que sirve para echar las basuras (pág. 14).

**contento, contenta:** es lo contrario de *triste.* Estamos contentos cuando tenemos alegría y nos sentimos felices (pág. 10).

**contrabajo:** es un instrumento parecido al violín, pero es casi tan alto como una persona. Se toca apoyándolo en el suelo (pág. 68).

**controlar:** es mirar algo con mucha atención. En el aeropuerto pueden controlar las maletas que llevamos o lo que llevamos dentro (pág. 58).

**copiloto:** es la persona que se sienta junto al piloto de un avión para ayudarle (pág. 59).

**cordero:** es el hijo de la oveja y el carnero (pág. 32).

**corral:** es un sitio al aire libre, rodeado por una valla, que tienen algunas casas de pueblo y de campo. En el corral están las gallinas, los pavos, los patos y otros animales (pág. 84).

**corredor, corredora:** es una persona que participa en una carrera (pág. 75).

**correr:** es andar muy rápidamente. Las personas y algunos animales corren (págs. 6, 30 y 75).

**cortacésped:** es una máquina parecida a un cochecito, que tiene unas cuchillas especiales para cortar la hierba (pág. 47).

**cortar:** es separar un trozo de una cosa, como cuando cortamos con un cuchillo un trozo de pan (pág. 18). En la peluquería nos cortan el pelo (pág. 53).

**cortina:** es una tela o un plástico que se pone en la bañera para que no salpique el agua (pág. 17).

**corto, corta:** es lo contrario de *largo.* Una manga es corta cuando no cubre todo el brazo (pág. 13).

**costilla:** es cada hueso curvo que va desde la columna vertebral hasta el centro del pecho (pág. 7).

**cráneo:** es el conjunto de huesos que forman la parte de arriba y la parte de atrás de la cabeza (pág. 7).

**crecer:** es hacerse más alto. Las personas, los animales y las plantas crecen (pág. 42).

104

**cresta:** es la parte carnosa y roja que tienen las gallinas y los gallos en lo más alto de la cabeza (pág. 33).

**crin:** es el pelo largo que tienen los caballos en la parte de arriba del cuello (pág. 31).

**crisálida:** es la forma que tiene la mariposa que ha dejado de ser oruga. La crisálida se va desarrollando hasta que se convierte en una mariposa ya formada del todo (pág. 37).

**crisantemo:** es una flor de forma redonda y pétalos alargados. Los crisantemos suelen ser blancos, amarillos o violetas (pág. 43).

**croar:** las ranas croan cuando hacen ¡croac, croac! (pág. 36).

**crol:** es una forma de nadar. Para nadar a crol se pone el cuerpo boca abajo, los pies golpean el agua sin parar y los brazos entran y salen por encima de la cabeza (pág. 73).

**cruzar:** es atravesar una calle pasando de una acera a otra (pág. 49).

**cuaderno:** es un conjunto de hojas de papel unidas por un lado, que tiene tapas y que se usa para escribir, para dibujar, para hacer cuentas y otras cosas (pág. 23).

**cuadrado, cuadrada:** el cuadrado es una figura que tiene sus cuatro lados iguales. Una galleta es cuadrada cuando tiene cuatro lados iguales (pág. 27).

**cuarenta:** es cuatro veces diez (pág. 26).

**cuarto, cuarta:** en una fila de elefantes, el cuarto elefante es el que ocupa el puesto número cuatro (pág. 26).

**cuarto de baño:** es la habitación donde nos bañamos, nos lavamos y usamos el inodoro (pág. 17).

**cuatro:** es tres más uno (pág. 26).

**cubierta:** es cada uno de los pisos de un barco (pág. 61).

**cubilete:** es el vaso donde se meten los dados para moverlos y tirarlos (pág. 63).

**cúbito:** es el hueso que está junto al radio y va desde el codo hasta la muñeca (pág. 7).

**cubo:** el cubo tiene seis caras cuadradas. Un dado tiene forma de cubo (pág. 27).

**cuchara:** es el cubierto que sirve para coger del plato los alimentos líquidos y llevarlos a la boca (pág. 18).

**cucharilla:** es una cuchara pequeña (pág. 19).

**cucharón:** es una cuchara grande que se usa para servir la sopa y otros alimentos líquidos (pág. 19).

**cuchillo:** es un cubierto que tiene un mango y una hoja afilada. Sirve para cortar los alimentos (pág. 18).

**cuello:** es la parte del cuerpo que está entre la cabeza y los hombros (pág. 6). Algunos animales también tienen cuello (pág. 31).

**cuentagotas:** es un tubito de cristal que sirve para contar las gotas de una medicina (pág. 62).

**cuerda:** es una tira de hilos fuertes y retorcidos que sirve para saltar (pág. 62).

**cuerno:** es cada una de las partes duras y salientes que tienen en la cabeza las vacas y otros animales (pág. 32).

**cuerpo:** nuestro cuerpo está formado por la cabeza, los brazos, las piernas y todas las otras partes (pág. 6).

**cuidado, cuidada:** un jardín está cuidado cuando las plantas y la tierra tienen todo lo que necesitan para estar bien (pág. 46).

**cultivo:** es cada planta que se siembra y se cuida para que dé frutos, como la lechuga, la vid, la patata y muchas otras (pág. 84).

**curar:** es hacer que una enfermedad desaparezca con medicinas o con otro tratamiento (págs. 52 y 76).

**curioso, curiosa:** una persona o un animal es curioso cuando quiere averiguarlo todo (pág. 30).

**curva:** es un trozo de carretera o de autopista que no es recta y tiene forma de arco (pág. 51).

 d

**dado:** es un cubo pequeño que tiene un punto en una cara, dos puntos en otra cara y así hasta seis puntos. Con los dados podemos jugar al parchís, a la oca y a otros juegos (pág. 63).

**dalia:** es una flor de forma redonda y que tiene muchos pétalos que parecen pequeños cucuruchos. Hay dalias blancas, amarillas, rosas y de otros colores (pág. 43).

**dátil:** es un fruto blando de forma alargada, con la piel de color marrón oscuro. Por dentro es muy dulce y de color claro con un hueso en el centro (pág. 44).

**debajo:** es lo contrario de *encima.* El gato marrón está debajo del sofá (pág. 20).

**débil:** es lo contrario de *fuerte.* Una persona es débil cuando tiene poca fuerza (pág. 7).

**décimo, décima:** en una fila de elefantes, el décimo elefante es el que ocupa el puesto número diez (pág. 27).

**decorado:** es un paisaje, un castillo, una casa o cualquier otro sitio que se hace o se dibuja y se pone en el escenario de un teatro (pág. 66).

**dedo:** las manos y los pies de las personas terminan en cinco dedos (pág. 6). También terminan en dedos las patas de algunos animales (págs. 30, 31 y 36).

**delante:** es lo contrario de *detrás.* El gato atigrado está delante del cojín (pág. 21).

**delfín:** es un animal grande que vive en el mar. Tiene el cuerpo parecido a un pez y la boca tiene forma de pico. Es muy inteligente (pág. 40).

**delgado, delgada:** es lo contrario de *gordo.* Una persona es delgada cuando tiene poca carne en el cuerpo (pág. 6).

**dentista:** es el médico que cura y arregla nuestros dientes y muelas (pág. 77).

**dentro:** es lo contrario de *fuera.* El gato marrón está dentro del nido (pág. 21).

**deporte:** es un juego como el fútbol, el baloncesto y el tenis o un ejercicio como la natación, el esquí o la gimnasia (pág. 70).

**desabrocharse:** es lo contrario de *abrocharse.* Nos desabrochamos cuando abrimos la ropa que estaba abrochada (pág. 12).

**descalzarse:** es lo contrario de *calzarse.* Nos descalzamos cuando nos quitamos el calzado que llevamos puesto (pág. 13).

**descansar:** es dejar de hacer una tarea cuando se está cansado y así reponer las fuerzas (pág. 52).

**descargar:** es lo contrario de *cargar.* Cuando llegamos de un viaje descargamos las maletas que habíamos cargado en el coche o en otro vehículo (pág. 56).

**descender:** es lo contrario de *ascender.* Descender de una montaña es bajar, ir desde arriba hacia abajo (pág. 74).

**descortés:** un conductor es descortés cuando pasa sin tener en cuenta que estamos cruzando la calle (pág. 49).

**descuidado, descuidada:** es lo contrario de *cuidado*. Un jardín con las plantas mustias es un jardín descuidado (pág. 46).

**desembarcar:** es lo contrario de *embarcar*. Desembarcamos cuando bajamos de un barco o de un avión (pág. 61).

**desenchufar:** es lo contrario de *enchufar*. Desenchufamos un aparato para que no funcione (pág. 65).

**deshojado, deshojada:** una flor está deshojada cuando ha perdido sus hojas (pág. 43).

**desinflado, desinflada:** es lo contrario de *inflado*. Una rueda está desinflada cuando ha perdido el aire que llevaba dentro (pág. 55).

**deslizarse:** es arrastrarse suavemente. El caracol se desliza por el suelo (pág. 39).

**desnudarse:** es lo contrario de *vestirse*. Nos desnudamos cuando nos quitamos la ropa que llevamos puesta (pág. 12).

**desordenado, desordenada:** es lo contrario de *ordenado*. Una mesa está desordenada cuando las cosas están puestas de cualquier manera (pág. 15).

**despedirse:** es decir adiós a otra persona cuando nos marchamos de un sitio o cuando se marcha ella (pág. 59).

**despegar:** es lo contrario de *aterrizar*. Un avión despega cuando empieza a volar y sus ruedas ya no tocan la tierra (pág. 59).

**despertador:** es un reloj que suena cuando tenemos que levantarnos (pág. 16).

**despertarse:** es dejar de dormir. Todas las mañanas nos despertamos (pág. 16).

**destaparse:** es lo contrario de *taparse*. Nos destapamos cuando apartamos la ropa de la cama que nos está tapando (pág. 16).

**desván:** es el piso superior de una casa o una sola habitación del piso superior, donde se guardan cosas (pág. 14).

**detenerse:** es pararse. Si vamos en bicicleta debemos detenernos en un paso de peatones cuando alguien está cruzando la calle (pág. 55).

**detrás:** es lo contrario de *delante*. El gato marrón está detrás del cojín (pág. 21).

**devolver:** es enviar una cosa al mismo sitio de donde salió. Podemos devolver una pelota con la raqueta (pág. 72).

**dibujar:** es hacer un dibujo (pág. 24).

**diccionario:** es un libro donde podemos encontrar las palabras y su significado. Las palabras están por orden alfabético (pág. 23).

**diecinueve:** es diez más nueve (pág. 26).

**dieciocho:** es diez más ocho (pág. 26).

**dieciséis:** es diez más seis (pág. 26).

**diecisiete:** es diez más siete (pág. 26).

**diente:** es cada hueso duro y blanco que hay dentro de la boca. Los dientes sirven para morder y masticar (págs. 31, 35 y 77).

**diez:** es nueve más uno (pág. 26).

**diferente:** es lo contrario de *igual*. Un pastel de chocolate es diferente de un pastel de manzana (pág. 11).

**dinero:** con el dinero pagamos las cosas que compramos (pág. 81).

**dinosaurio:** los dinosaurios eran animales que vivieron hace miles de años (pág. 28).

**diplodoco:** era un dinosaurio que medía unos 26 metros. Tenía el cuello y la cola muy largos, las patas enormes, era muy pesado y se alimentaba de las copas de los árboles (pág. 28).

**dirección:** es el nombre de la calle, el número del edificio y el nombre de la ciudad donde vive la persona a quien le escribimos una carta (pág. 80).

**director, directora:** en un programa de televisión es la persona que dice cómo deben hacer las cosas los presentadores, los actores, los técnicos y las demás personas que trabajan en el programa (pág. 67).

**dirigir:** es decir cómo hay que hacer una cosa. Se puede dirigir una película, una obra de teatro, un programa de televisión (pág. 67).

**disco:** es una placa redonda con música grabada. Para oír la música el disco se pone en un tocadiscos (pág. 16).

**distraído, distraída:** es lo contrario de *atento.* Una persona está distraída cuando no presta atención a las cosas (pág. 22).

**dividir:** es hacer divisiones (pág. 26).

**doblar:** es hacer que una cosa no esté completamente estirada. Podemos doblar una pierna, un papel y otras cosas (pág. 7).

**doce:** es diez más dos (pág. 26).

**doctor, doctora:** es una persona que ha estudiado para dedicarse a curar enfermos. También se llama médico (pág. 76).

**dolor:** es un pinchazo o una molestia que notamos en una parte del cuerpo y hace que nos sintamos mal. Podemos tener un dolor de cabeza, un dolor de muelas u otra clase de dolor (pág. 76).

**dominó:** es un juego que tiene veintiocho piezas con dibujos o puntos y espacios en blanco. Para jugar hay que unir unas piezas con otras (pág. 63).

**dormir:** es descansar varias horas con los ojos cerrados, como hacemos por la noche en la cama (pág. 16).

**dormitorio:** es la habitación donde dormimos (pág. 16).

**dos:** es uno más uno (pág. 26).

**ducha:** es un aparato que tiene agujeros por donde salen chorritos de agua (pág. 17).

**ducharse:** es lavarse el cuerpo con una ducha (pág. 17).

**duro, dura:** es lo contrario de *blando.* La cáscara de la nuez es dura (pág. 9).

e

**echar:** echamos una carta al buzón cuando la dejamos caer dentro (pág. 80).

**edredón:** es una colcha rellena de plumas o de otras cosas que abriga mucho (pág. 16).

**electricista:** es una persona que coloca y arregla cables, enchufes y aparatos eléctricos (pág. 52).

**elefante:** es un animal de gran tamaño. Tiene orejas muy grandes, una trompa larga y un colmillo de marfil a cada lado de la trompa (pág. 41).

**elegir:** es quedarnos con una cosa que nos gusta más que otra. Podemos elegir un programa de televisión, una fruta para el postre y muchas cosas más (pág. 65).

**embarcadero:** es un sitio donde están paradas las barcas para poder embarcar y desembarcar las personas y la carga (pág. 60).

**embarcar:** es subir a un barco o a un avión para hacer un viaje (pág. 61).

**embutido:** es una tripa rellena de carne picada, sal y otras cosas para darle sabor. El salchichón, el chorizo o la mortadela son embutidos (pág. 81).

**empapelar:** es pegar un papel especial en las paredes para decorarlas (pág. 14).

**empastado, empastada:** una muela está empastada cuando se ha rellenado con una pasta el agujero de una caries (pág. 77).

**empujar:** es mover una cosa haciendo fuerza con las manos (págs. 15 y 54). También se puede empujar a una persona dándole un golpe rápido (pág. 70).

**encendido, encendida:** es lo contrario de *apagado*. Una vela está encendida cuando da luz (pág. 11).

**encerado:** es una tabla pintada de color oscuro que se coloca en la pared de una clase. Se usa para escribir o para dibujar en ella con tiza (pág. 22).

**encestar:** es meter el balón en el cesto cuando se juega al baloncesto (pág. 70).

**enchufar:** es meter en una pieza del enchufe que está en la pared la otra pieza del enchufe que está en un aparato. Así llega electricidad al aparato y funciona (pág. 65).

**enciclopedia:** es un libro o un conjunto de libros donde podemos encontrar casi todos los temas que nos interesa conocer (pág. 22).

**encima:** es lo contrario de *debajo*. El gato atigrado está encima del sofá (pág. 20).

**encina:** es un árbol de copa ancha y hojas pequeñas que tienen el borde con pinchitos. Su fruto es la bellota (pág. 42).

**enfermedad:** es lo contrario de *salud*. Tenemos una enfermedad cuando una parte del cuerpo no está bien y hay que curarla (pág. 76).

**enfermero, enfermera:** es la persona que ayuda a los médicos y cuida a los enfermos (pág. 77).

**enfermo, enferma:** es una persona que tiene una enfermedad o que está malo (pág. 77).

**enfrentarse:** es discutir o pelear. El gato atigrado y el gato gris se enfrentan (pág. 20).

**enfrente:** una cosa está colocada enfrente de otra cuando están en lados contrarios. El gato atigrado está enfrente del espejo (pág. 20).

**engrasar:** es poner aceite o grasa en una pieza de un vehículo o de una máquina para que funcione mejor (pág. 55).

**enrollado, enrollada:** una ensaimada y una concha de caracol tienen forma enrollada (pág. 39).

**enroscarse:** es dar vueltas sobre uno mismo y quedarse así sin estirarse (pág. 34).

**enseñar:** es hacer que otros aprendan cosas. El profesor enseña a los alumnos (pág. 53).
**Enseñar** también es poner una cosa delante de alguien para que la vea. Cuando viajamos en avión, a veces tenemos que enseñar en el aeropuerto lo que llevamos en las maletas (pág. 58).

**entero, entera:** es lo contrario de *partido*. Una tarta está entera cuando no le falta ningún pedazo (pág. 11).

**entrar:** es lo contrario de *salir*. Entramos en un lugar cuando estábamos fuera y pasamos dentro (pág. 66).

**entre:** el gato marrón está entre dos cojines (pág. 21).

**entregar:** es dar una cosa a otra persona. El cartero entrega las cartas en las casas (pág. 80).

**entrenador, entrenadora:** es la persona que dirige los ejercicios que hacen los jugadores de un equipo y los prepara para jugar (pág. 71).

**entresuelo:** es la parte de un cine o de un teatro que está arriba del patio de butacas (pág. 66).

**entretenimientos:** son las cosas que nos divierten y hacen que lo pasemos bien (pág. 62).

**equipaje:** es el conjunto de maletas y bultos que lleva una persona cuando viaja (pág. 57).

**equipo de sonido:** es un conjunto de aparatos que sirve para oír música y para grabarla. Tiene una radio, un magnetófono, un tocadiscos y unos altavoces (pág. 16).

**esbelto, esbelta:** una persona es esbelta cuando es alta, delgada y bien formada. También hay animales esbeltos (pág. 31).

**escalera:** la escalera está formada por escalones y sirve para subir y bajar (págs. 14 y 79).

**escalerilla:** es una escalera pequeña. Los pasajeros de un avión suben y bajan por la escalerilla (pág. 59). Las piscinas tienen una escalerilla para entrar y salir del agua (pág. 73).

**escama:** es cada una de las láminas pequeñas y transparentes que cubren la piel de los peces y las serpientes (págs. 34 y 35).

**escapar:** es correr deprisa para librarse de algún peligro (pág. 34).

**escarbador:** es una herramienta parecida a un tenedor grande, que sirve para remover la tierra del jardín (pág. 47).

**escarbar:** la gallina escarba la tierra cuando la remueve con las patas (pág. 33).

**escenario:** es la parte del teatro donde trabajan los actores y está el decorado (pág. 66).

**escondite:** jugamos al escondite cuando unos niños nos escondemos para que otro niño nos encuentre (pág. 62).

**escribir:** es poner palabras en un papel o en otro sitio con un lápiz, un bolígrafo, una tiza u otra cosa (pág. 22).

**escuchar:** es oír con atención (pág. 64).

**escupidera:** es como un lavabo pequeño que hay junto al sillón del dentista para enjuagarse la boca y escupir (pág. 77).

**escurridor:** es el sitio donde se ponen los platos, las tazas, y los vasos recién fregados para que se sequen (pág. 18).

**escurrir:** es quitar el agua a las verduras que hemos cocido o a la lechuga que hemos lavado (pág. 45).

**escurrirse:** es resbalar. Cuando pisamos el hielo podemos escurrirnos (pág. 86).

**esfera:** la esfera es completamente redonda. Un balón de fútbol tiene forma de esfera (pág. 27).

**espalda:** es la parte de atrás del cuerpo que va desde los hombros hasta la cintura (pág. 6).
También se llama **espalda** a una forma de nadar con el cuerpo boca arriba (pág. 73).

**espantapájaros:** es un muñeco que se pone en los cultivos para asustar a los pájaros y así no se comen las semillas (pág. 84).

**espantar:** es dar miedo a alguien. El espantapájaros espanta a los pájaros (pág. 84).

**esparadrapo:** es una tira de tela o de plástico que se pega por un lado y sirve para sujetar un algodón o una gasa sobre una herida (pág. 78).

**espárrago:** es una verdura tierna de forma alargada. Hay espárragos verdes y espárragos blancos (pág. 45).

**espejo:** es un cristal especial donde podemos vernos (pág. 17).
Las motos, los coches y los camiones llevan un **espejo retrovisor** para poder ver todo lo que está detrás (pág. 55).

**esperar:** es quedarse en un sitio. Cuando queremos cruzar la calle esperamos en la acera hasta que el semáforo se pone verde (pág. 49).

**espigón:** es un muro que se construye a la orilla del mar (pág. 85).

**espinaca:** es una verdura de hojas verdes que casi siempre se comen cocidas (pág. 45).

**espinillera:** es una parte del equipo que usa un jugador de fútbol. Se pone por debajo de la rodilla, bajo la media, y sirve para proteger el hueso de la pierna (pág. 71).

**esponja:** usamos una esponja para enjabonarnos el cuerpo porque se empapa muy bien y es muy suave (pág. 17).

**espumadera:** es un utensilio de cocina con agujeritos que sirve para sacar escurridos los alimentos de la sartén (pág. 19).

**esqueleto:** es el conjunto de huesos que sostiene el cuerpo del hombre y de muchos animales (pág. 7).

**esquí:** es el nombre de un deporte que se practica en la nieve (pág. 74). También se llama **esquí** a una tabla larga que se sujeta en cada pie para deslizarse por la nieve (pág. 74).

**esquiador, esquiadora:** es una persona que practica el esquí (pág. 74).

**esquiar:** es avanzar por la nieve deslizándose con unos esquíes (pág. 74).

**esquilar:** es cortar la lana a las ovejas con unas tijeras o con una máquina (pág. 32).

**esquina:** es la parte de la calle donde termina una fila de casas o una acera. En el cruce de dos calles hay cuatro esquinas (pág. 49).

**establo:** es un sitio cerrado donde se tienen las vacas, los caballos o las mulas (pág. 84).

**estación:** es un edificio grande donde llegan y salen los trenes (pág. 56). También se llama **estación** a cada una de las cuatro partes del año: primavera, verano, otoño e invierno (pág. 87). Una **estación de esquí** es el edificio y el conjunto de aparatos que hay en un sitio donde se va a esquiar (pág. 74).

**estadio:** es un lugar para practicar deportes que tiene gradas para los espectadores (pág. 71).

**estante:** es una tabla que forma parte de un mueble y sirve para colocar cosas encima (pág. 81).

**estegosaurio:** era un dinosaurio que tenía una doble fila de placas duras y grandes a lo largo del lomo. Se alimentaba de plantas bajas, como los helechos (pág. 29).

**esterilizador:** es un aparato que sirve para dejar completamente limpio y desinfectado el instrumental que usan el dentista y otros médicos (pág. 77).

**esterilla:** es una alfombrilla de un tejido especial que se usa para estar tumbado y tomar el sol (pág. 85).

**estetoscopio:** es un aparato que utilizan los médicos para escuchar los sonidos que se producen en el pecho o en el vientre (pág. 78).

**estibador:** es una persona que carga y descarga los productos que llevan los barcos (pág. 60).

**estilográfica:** es una pluma que lleva dentro un depósito de tinta y sirve para escribir (pág. 23).

**estirar:** es lo contrario de *encoger*. Podemos estirar el cuerpo, una goma, y otras cosas (pág. 7).

**estornudar:** es echar de repente el aire de los pulmones por la nariz y por la boca con un ruido que suena «achís» (pág. 76).

**estrecho, estrecha:** es lo contrario de *ancho*. Un pantalón es estrecho cuando se ajusta a las caderas y a las piernas (pág. 13).

**estrella:** es cada uno de los astros brillantes que, junto con la Luna, vemos de noche en el cielo (pág. 82). El Sol es también una estrella (pág. 82). La **estrella de mar** es un animal que vive en el mar y tiene el cuerpo en forma de estrella de cinco puntas (pág. 40).

**estuche:** es una caja o una bolsa pequeña que usamos para guardar los lápices, los bolígrafos, el sacapuntas y las gomas (pág. 23).

**estudiar:** es leer, ver o escuchar una cosa para aprenderla. En el colegio estudiamos para aprender cosas nuevas (pág. 22).

**estudio de televisión:** es un sitio preparado para hacer un programa de televisión (pág. 67).

**examinar:** el médico nos examina cuando nos mira con mucha atención la garganta y otras partes del cuerpo, escucha los latidos del corazón con un aparato y nos hace otras pruebas (pág. 76).

**extractor:** es un aparato que sirve para sacar fuera los humos de la cocina (pág. 19).

**facturación de equipaje:** es el sitio donde entregamos el equipaje con nuestro nombre para que nos lo suban al avión (pág. 58).

**falda:** es una prenda de vestir que usan las niñas y las mujeres. Cubre desde la cintura hacia abajo. Puede ser larga o corta (pág. 12).

**familia:** los padres, los hijos, los abuelos, los primos, los tíos y otros parientes forman una familia (pág. 10).

**farmacéutico, farmacéutica:** es una persona que ha estudiado y sabe preparar medicinas. El farmacéutico o la farmacéutica vende las medicinas en una farmacia (pág. 53).

**farmacia:** es la tienda donde se venden las medicinas (pág. 48).

**faro:** es cada luz que lleva un vehículo para iluminar la calle o la carretera de noche (pág. 54). También se llama **faro** a una torre que está junto al mar. En lo alto tiene una luz para guiar de noche a los barcos (pág. 60).

**farola:** es una lámpara que se enciende por la noche para iluminar la calle (pág. 49).

**fatigado, fatigada:** una persona está fatigada cuando está cansada (pág. 70).

**fax:** es un aparato que copia un escrito y lo envía por los hilos del teléfono (pág. 80).

**fémur:** es el hueso más largo de la pierna. Va desde la cadera hasta la rodilla (pág. 7).

**ficha:** es cada una de las piezas de plástico, de madera o de otro material que se usa en algunos juegos como el parchís o el dominó (pág. 63).

**fiesta:** es una reunión de personas que quieren celebrar algo. Un cumpleaños suele celebrarse con una fiesta (pág. 11).

**filmar:** es tomar imágenes y sonidos con una cámara de cine o de vídeo y grabarlos en una película (pág. 64).

**fino, fina:** es lo contrario de *grueso.* Un pincel fino pinta una línea fina (pág. 25).

**firmar:** firmamos cuando ponemos nuestro nombre y apellido en una carta o en algún documento. Cada persona tiene la costumbre de firmar de una manera especial (pág. 80).

**flamenco:** es un ave que tiene las dos patas muy largas y el cuello también. Sus plumas son de color rosa. Vive en las orillas de los lagos y charcas (pág. 40).

**flash:** es un aparato que se pone en las cámaras fotográficas y da luz para hacer fotos en lugares oscuros (pág. 65).

**flauta:** es un instrumento musical con forma de tubo y con agujeros. Se toca soplando y tapando y destapando los agujeros con los dedos (pág. 69).

**flexionar:** es doblar una parte del cuerpo (pág. 7).

**flexo:** es una lámpara que se pone en una mesa de estudio. Tiene un brazo que se puede mover (pág. 16).

**flor:** es la parte de las plantas que tiene hojas de colores. Algunas flores huelen muy bien (págs. 43 y 46).

**florecer:** una planta florece cuando le salen las flores (pág. 87).

**florero:** es una vasija donde se ponen flores (pág. 18).

**flotador:** es un plástico o una goma inflada que sirve para flotar en el agua. El flotador puede ser redondo, con forma de pato o con otra forma (pág. 85).

**flotar:** es estar sobre el agua sin hundirse (págs. 61 y 73).

**foca:** es un animal que vive en el mar. Tiene el cuerpo gordo y alargado, con dos aletas y la cabeza parecida a la de un perro, con unos bigotes largos en el hocico. Puede andar y nadar (pág. 40).

**foco:** es una lámpara que da mucha luz. Los focos se usan para iluminar el estudio de televisión o una parte del estudio o a las personas que están en un programa (pág. 67).

**fontanero, fontanera:** es una persona que coloca y arregla las tuberías, los grifos y otros aparatos que funcionan con agua (pág. 52).

**forma:** todas las cosas que vemos tienen una forma. Un disco tiene forma redonda, un espejo suele tener forma rectangular, el tablero de una mesa puede ser cuadrado (pág. 26).

**fosas nasales:** son los agujeros que tiene la nariz (pág. 8).

**fotocopiadora:** es una máquina que sirve para hacer una fotografía de un papel que tiene un escrito o un dibujo (pág. 22).

**fotografiar:** es hacer fotos de una persona, de un paisaje o de otras cosas (págs. 53 y 64).

**fotógrafo, fotógrafa:** es una persona que trabaja haciendo fotos para una revista, para un periódico, para un museo… (pág. 53).

**frambuesa:** es una fruta redonda, pequeña, de color rojo y está formada por unas bolitas muy juntas (pág. 44).

**fregadero:** es una pila para fregar los vasos, los platos, las cacerolas y todos los demás utensilios de cocina (pág. 18). También se llama **fregadero** al mueble que tiene la pila (pág. 18).

**fregar:** es lavar con jabón los platos, vasos, cacerolas y los otros utensilios de cocina (pág. 19).

**freír:** es cocinar en aceite muy caliente una carne, un pescado, unos huevos o cualquier otro alimento (pág. 19).

**frenar:** es apretar los frenos de un vehículo para que se pare o para que vaya más despacio (pág. 54).

**freno:** es un pedal o una palanca que tienen los vehículos para frenar (pág. 55).

**frente:** es la parte de arriba de la cara que va desde las cejas hasta donde empieza el pelo (pág. 6).

**fresa:** es una fruta pequeña, de color rojo, muy dulce y jugosa (pág. 44).

**frigorífico:** es un aparato en donde se ponen alimentos y bebidas para que se conserven fríos (pág. 18).

**frío, fría:** es lo contrario de *caliente*. Un helado es frío (pág. 9).

**fruta:** es la parte que comemos de algunas plantas. La naranja, el plátano o la uva son frutas (pág. 81).

**frutero, frutera:** es una persona que vende fruta (pág. 52).

**fruto:** es la parte de la planta que tiene dentro las semillas. La pera es el fruto del peral, la almendra es el fruto del almendro (pág. 44).

**fuente:** es una especie de plato grande que se usa para servir los alimentos en la mesa (pág. 19).

**fuera:** es lo contrario de *dentro*. El gato atigrado está fuera del nido (pág. 19).

**fuerte:** es lo contrario de *débil*. Una persona es fuerte cuando tiene mucha fuerza (pág. 7).

**fumigar:** es echar insecticidas a las plantas para que los insectos no las ataquen (pág. 42).

**furgón de equipaje:** es una camioneta que hay en los aeropuertos y sirve para trasladar los equipajes que lleva un avión (pág. 58).

**fútbol:** es un deporte que se juega con dos equipos. Para marcar tantos hay que meter con los pies o con la cabeza un balón en la portería del equipo contrario (pág. 71).

 # g

**gafas:** las gafas se usan cuando una persona no ve bien o cuando se quiere proteger los ojos del sol (págs. 73 y 74).

**galaxia:** es un conjunto de estrellas, planetas y otros astros que hay en algunas zonas del espacio. La Tierra está en una galaxia que se llama Vía Láctea (pág. 82).

**galleta:** es un dulce hecho con harina, azúcar y otros alimentos, como huevos o mantequilla (pág. 11).

**gallina:** es un animal que tiene el cuerpo cubierto de plumas, pico, cresta, alas y dos patas. Los huevos que comemos son de gallina (pág. 33).

**galopar:** el caballo galopa cuando corre a mucha velocidad (pág. 31).

**garaje:** es la parte de una casa donde se guardan los coches, las motos y las bicicletas (pág. 14).

**gasa:** es un tejido de algodón que se usa para curar heridas (pág. 78).

**gasolinera:** es un sitio donde se vende gasolina y otras cosas que necesitan los coches (pág. 51).

**gato:** es un animal que tiene el cuerpo cubierto de pelo, cuatro patas, una cola larga y las orejas en punta. Vive en las casas con las personas (pág. 30).

**gaviota:** es un ave que tiene las plumas blancas y grises y el pico en forma de gancho que le sirve para pescar los peces que come. Vive en las tierras que están junto al mar (págs. 40 y 85).

**gemelo:** es el nombre de cada uno de los dos músculos que tenemos en la pantorrilla (pág. 7).

**giba:** es cada parte abultada del lomo de los camellos (pág. 31).

**gigantesco:** un animal es gigantesco cuando es muy grande. Los diplodocos eran gigantescos (pág. 29).

**gimnasia:** es el conjunto de ejercicios que hacemos con el cuerpo para estar fuertes y ágiles (pág. 75).

**girar:** es dar vueltas (pág. 7).
Un coche **gira** cuando deja el camino que lleva y va hacia la del'echa o hacia la izquierda (pág. 50).

**globo:** es una goma o un plástico muy fino y de colores que se llena con aire o con gas (pág. 11).
Se llama **globo terráqueo** a un mapa en forma de globo redondo que representa toda la Tierra (pág. 22).

**golpear:** es dar golpes a una pelota con la mano, con una raqueta o con otra cosa (pág. 72).

**goma:** la goma sirve para borrar lo que escribimos o dibujamos sobre papel (pág. 23).

**gordo, gorda:** es lo contrario de *delgado*. Una persona es gorda cuando tiene mucha carne en el cuerpo (pág. 6).

**gorila:** es el más grande de todos los monos. Tiene el tamaño de un hombre y el cuerpo cubierto de pelo oscuro (pág. 41).

**gorra:** es un gorro con visera (pág. 12).

**gorrión:** es un pájaro pequeño. Tiene plumas marrones y vive en los pueblos y en las ciudades (pág. 32).

**gorro:** es un sombrero de papel o de plástico que a veces nos ponemos en las fiestas (pág. 11).
También nos ponemos un **gorro de baño** si no queremos mojarnos el pelo cuando nos duchamos o nos bañamos (págs. 17 y 73).

**grabar:** es recoger sonidos o música en una cinta o en un disco para oírlos después (pág. 64).

**grande:** es lo contrario de *pequeño.* Un animal o una cosa es grande cuando tiene mucho tamaño (págs. 35 y 55).

**granizo:** se llama granizo a unas bolitas de hielo que caen de las nubes con mucha fuerza (pág. 86).

**grapadora:** es una máquina pequeña que se usa para unir con una grapa las hojas de papel que están sueltas (pág. 23).

**grifo:** es un aparato que funciona como una llave: se abre para que salga el agua y se cierra para que deje de salir (pág. 17).

**gris:** es el color que resulta de mezclar el negro con el blanco (pág. 24). Algunos gatos tienen el pelo gris (pág. 21).

**gritar:** es hablar a gritos o en voz muy alta (pág. 10).

**grúa:** es un camión con una máquina que tiene un gancho muy grande para levantar coches y un sitio para llevarlos (pág. 51). También se llama **grúa** cada una de las máquinas que hay en el puerto para mover la carga de los barcos (pág. 60).

**grueso, gruesa:** es lo contrario de *fino.* Un pincel grueso pinta una línea gruesa (pág. 25).

**gruñón, gruñona:** una persona es gruñona cuando protesta mucho. También hay animales gruñones (pág. 30).

**grupa:** es la parte de atrás del cuerpo del caballo donde termina el lomo (pág. 31).

**guante:** es una funda que tiene la misma forma que las manos y se usa para protegerlas del frío (pág. 74).

**guardabarros:** es la parte de un vehículo que cubre las ruedas y protege de las salpicaduras de barro (pág. 55).

**guardia de tráfico:** es una persona que cuida de que los peatones y los conductores cumplan las normas de tráfico (pág. 50).

**guiñol:** es un teatrito de juguete para representar cuentos con muñecos que son movidos por unas personas que están escondidas detrás (pág. 63).

**guirnalda:** es una tira de papel de colores que se pone para adornar (pág. 11).

**guisante:** es una legumbre que tiene forma redonda y es de color verde (pág. 45).

**guitarra:** es un instrumento musical que tiene cuerdas que van desde un brazo largo hasta una caja en forma de ocho que tiene un agujero en el centro. La **guitarra eléctrica** funciona con electricidad. Es plana y no tiene agujero (pág. 69).

**gusto:** es el nombre del sentido que nos permite notar los sabores (pág. 9).

 h

**hambriento, hambrienta:** una persona o un animal está hambriento cuando tiene mucha hambre (pág. 37).

**hangar:** es un sitio que hay en los aeropuertos donde se guardan, revisan y arreglan los aviones (pág. 58).

**hélice:** es un aparato formado por aspas que giran muy deprisa movidas por un motor. Las hélices de un barco sirven para hacerle avanzar (pág. 61).

**herbívoro, herbívora:** un animal es herbívoro cuando come únicamente plantas (pág. 29).

**hermano, hermana:** una persona es hermano o hermana de otra cuando los dos son hijos de los mismos padres (pág. 10).

**herramienta:** la pala, el escarbador, las tijeras y otras cosas que se usan para hacer trabajos en el jardín son herramientas de jardín. También hay herramientas para hacer otros trabajos (pág. 47).

**hiena:** es un animal que tiene la piel gris con manchas más oscuras y crines en la cabeza y en el lomo (pág. 41).

**hierba:** es una planta pequeña de tallo tierno (pág. 46).

**higo:** es un fruto blando, con la piel verde, morada o negra muy pegada a su carne, que es blanca, muy dulce y con semillas (pág. 44).

**hijo, hija:** tú, como todas las personas, eres hijo o hija de un padre y una madre (pág. 10).

**hinchado, hinchada:** tenemos la encía hinchada cuando está más gruesa de lo normal (pág. 77).

**hipopótamo:** es un animal que vive en los grandes ríos. Tiene el cuerpo cubierto por una piel gruesa de color gris, las patas cortas y fuertes, la cabeza grande con orejas pequeñas y un gran hocico (pág. 40).

**hocico:** es la parte saliente de la cabeza de algunos animales donde están la nariz y la boca (pág. 30).

**hoja:** es la parte verde de la planta que crece en las ramas. Las hojas tienen formas muy distintas (pág. 42).

**hombro:** es la parte del cuerpo que une la espalda con el pecho. Las personas tenemos dos hombros (pág. 6).

**horno microondas:** es un horno especial que cuece, asa y descongela los alimentos en pocos minutos (pág. 19).

**hortensia:** es una flor grande y redonda que puede ser blanca, azul, rosa y de otros colores (pág. 43).

**hospedarse:** es vivir unos días en un hotel pagando un dinero por cada día que se está (pág. 48).

116

**hospital:** es un edificio grande donde van a curarse los enfermos y los heridos (pág. 78).

**hotel:** es un edificio de muchas habitaciones donde, pagando un dinero, podemos vivir unos días cuando vamos de viaje (pág. 48).

**huesudo, huesuda:** una persona es huesuda cuando se le notan mucho los huesos (pág. 7).

**huevo:** las hembras de algunos animales ponen huevos y de los huevos salen sus crías (págs. 36 y 37).

**húmedo, húmeda:** es lo contrario de *seco.* Una cosa está húmeda cuando está un poco mojada. La piel de la rana siempre está húmeda (pág. 36).

**húmero:** es el hueso del brazo que va desde el hombro hasta el codo (pág. 7).

**hundirse:** es irse hacia el fondo del agua y no poder subir (pág. 61).

**igual:** es lo contrario de *diferente.* Un pastel es igual a otro cuando tiene la misma forma, el mismo sabor y el mismo tamaño (pág. 11).

**incómodo, incómoda:** es lo contrario de *cómodo.* Estamos incómodos cuando no estamos a gusto en un sitio (pág. 15).

**inflar:** es meter aire en una rueda de un vehículo (pág. 55).

**información:** es el sitio que hay en algunas estaciones y en los aeropuertos donde podemos preguntar algo que necesitemos saber sobre nuestro viaje (pág. 56).

**informar:** es contar a las personas lo que necesitan saber sobre alguna cosa.

En los vuelos les informan a los pasajeros de las cosas del avión que pueden utilizar (pág. 58).

**injertar:** es colocar la rama de una planta en el tronco de otra para que crezcan como una sola planta (pág. 42).

**inodoro:** es un aparato del cuarto de baño. Tiene un asiento hueco y cada vez que lo usamos echamos agua de una cisterna (pág. 17).

**inquieto, inquieta:** una persona es inquieta cuando se mueve mucho y no puede estarse quieta (pág. 10).

**instrumental:** es el conjunto de instrumentos que utiliza un dentista u otro médico (págs. 77 y 78).

**instrumento:** el violín, el tambor, el clarinete, el platillo o la flauta son instrumentos que se usan para producir sonidos musicales (pág. 68).

**invernadero:** es un sitio cerrado donde se meten las plantas para protegerlas del frío (pág. 46).

**invernal:** un día es invernal cuando hace mucho frío o nieva como en invierno (pág. 87).

**invierno:** es la estación más fría del año, entre el otoño y la primavera (pág. 87).

**iris:** es el círculo de color que está en el centro del ojo (pág. 9).

**jabalí:** es un animal parecido al cerdo. Tiene colmillos afilados que le salen por los lados de la boca (pág. 41).

**jabón:** es una pasta, unos polvos o un líquido que sirve para lavar el cuerpo, la ropa y otras cosas (pág. 17).

117

**jabonera:** la jabonera sirve para poner el jabón que estamos usando (pág. 17).

**jacinto:** es una planta de flores muy pequeñas agrupadas en una espiga (pág. 43).

**jarabe:** es una medicina líquida que suele tener sabor dulce. Hay jarabes para quitar la tos, los dolores de tripa y otras enfermedades (pág. 76).

**jardín:** es un sitio donde hay plantas, flores y árboles de muchas clases (págs. 46 y 47).

**jardinero:** es la persona que se dedica a cuidar las plantas de los jardines (pág. 46).

**jefe de estación:** es la persona que dirige una estación de trenes (pág. 56).

**jeringuilla:** es un tubo de cristal o de plástico hueco que lleva una aguja muy fina en un extremo. La jeringuilla se usa para poner inyecciones (pág. 78).

**jersey:** es una prenda de vestir de lana o de hilo que llega hasta la cintura o hasta la cadera (pág. 12).

**jirafa:** es un animal que tiene un cuello muy largo, la cabeza pequeña y las patas altas y finas. La piel es de color amarillento con manchas marrones (pág. 41).

**joven:** es lo contrario de *viejo*. Una persona es joven cuando ha dejado de ser niño (pág. 10).

**judía:** es una legumbre de fruto verde y alargado. Dentro tiene unas semillas con forma de riñoncito. Cuando comemos **judías verdes,** nos comemos el fruto fresco. Cuando comemos **judías blancas** o **pintas,** nos comemos las semillas secas (pág. 45).

**juego:** es todo lo que hacemos cuando jugamos, como cuando jugamos al escondite (pág. 62).
También se llaman **juegos** el parchís, un puzzle, el ajedrez y muchos otros (pág. 63).

**juez:** en un partido de baloncesto hay dos jueces: uno controla el tiempo de juego y el otro anota el nombre de los jugadores, los puntos que consiguen, las faltas que cometen y muchas cosas más (pág. 70).
Se llama **juez de línea** a cada uno de los ayudantes que tiene un árbitro en un partido (págs. 71 y 72).

**jugador, jugadora:** es cada una de las personas que juega en un equipo de baloncesto, de fútbol o de otros deportes (págs. 70 y 71).

**jugar:** es participar en un deporte. También es divertirse con juguetes o haciendo cosas como disfrazarse, correr… (pág. 63).

**juguete:** es cada una de las cosas que usamos para jugar, como una pelota, un muñeco, un coche o un robot (págs. 62 y 63).

**juguetón:** es una persona o un animal que siempre está jugando (pág. 32).

**juntos, juntas:** es lo contrario de *separados*. Las casas que están una al lado de otra están juntas (pág. 14).

# k

**kiwi:** es un fruto que tiene la piel áspera de color pardo y con pelitos. Por dentro es verde con unas pepitas negras (pág. 44).

# l

**labio:** es cada borde carnoso y saliente de la boca. Las personas tenemos dos labios y algunos animales también (pág. 31).

**ladrar:** los perros ladran cuando hacen ¡guau, guau! (pág. 30).

**lamerse:** un gato o un perro se lame cuando se pasa la lengua por el cuerpo (pág. 30).

**lámpara:** la lámpara sirve para dar luz a una habitación. Hay lámparas que se ponen en el techo y lámparas que se ponen encima de una mesa (pág. 15). El dentista usa una lámpara especial para iluminar la boca mientras la arregla (pág. 77).

**lana:** es el pelo de las ovejas y de otros animales. Con la lana se hacen hilos y telas. En invierno usamos jerséis y otras ropas de lana (pág. 32).

**lancha:** es una barca que tiene motor (pág. 85).

**lanudo, lanuda:** es la oveja que tiene mucha lana (pág. 32).

**lanzar:** es tirar una cosa con fuerza. Podemos lanzar la pelota con la raqueta (pág. 72).
También **nos lanzamos** por el tobogán cuando nos tiramos con fuerza y bajamos deprisa (pág. 62).

**lapicero:** es un palito de madera con una mina dentro. Sirve para escribir y dibujar (pág. 23).

**largo, larga:** es lo contrario de *corto.* Una manga es larga cuando cubre todo el brazo (pág. 12).

**larguero:** es el palo horizontal que sostiene la red de la portería de fútbol (pág. 71).

**lavabo:** es una pila que usamos para lavarnos las manos, la cara y los dientes (págs. 17 y 77).

**lavadero de coches:** es un sitio donde llevamos el coche para lavarlo (pág. 54).

**lavadora:** es una máquina que sirve para lavar la ropa (pág. 18).

**lavar:** es limpiar con agua. Las verduras se lavan antes de cocerlas o de comerlas crudas (pág. 45).

**lavavajillas:** es una máquina que sirve para lavar los platos, los vasos, las cacerolas y los cubiertos (pág. 19).

**leche:** es un líquido blanco que dan las vacas, las ovejas y las cabras. Con la leche se hace queso, yogur, nata y otros alimentos (pág. 81).

**lechera:** es una jarra que se usa para servir la leche (pág. 19).
También se llama **lechera** a una vaca que da mucha leche (pág. 32).

**lechuga:** es una verdura que tiene grandes hojas verdes. Se come cruda en ensalada (pág. 45).

**legumbre:** es el fruto o la semilla que crece dentro de una funda alargada. Las lentejas, las judías, los garbanzos o los guisantes son legumbres (pág. 45).

**lejos:** es lo contrario de *cerca.* El gato marrón está lejos de ti (pág. 20).

**lengua:** es un músculo que está dentro de la boca y que nos ayuda a tragar los alimentos. Por la lengua notamos los sabores. También nos ayuda a hablar (pág. 9).
Muchos animales tienen lengua (págs. 34 y 36).

**lenteja:** es una legumbre que tiene forma redonda y plana. Es pequeña y de color marrón (pág. 45).

**lento, lenta:** es lo contrario de *rápido.* Una persona o un animal es lento cuando se mueve despacio (pág. 34).

**león:** es un animal grande, con el pelo corto y rojizo. El macho tiene una gran melena. Al león se le llama el rey de la selva (pág. 41).

**leopardo:** es un animal de la misma familia que el león. Tiene el pelo amarillento con manchas negras (pág. 41).

**leotardos:** son medias que llegan hasta la cintura (pág. 12).

**libar:** es chupar el jugo de las flores como hacen las abejas (pág. 38).

**libro:** es un conjunto de hojas escritas que están unidas por un lado. Tiene unas tapas que se llaman cubiertas (pág. 23).

**licuadora:** es un aparato que sirve para hacer zumos de frutas y de verduras (pág. 18).

**ligero, ligera:** es lo contrario de *pesado.* Un animal es ligero cuando pesa poco y se mueve con facilidad (págs. 29 y 37).

**limón:** es un fruto que tiene la piel gruesa de color amarillo. Por dentro tiene gajos, es muy jugoso, y su sabor es ácido (pág. 44).

**limpiaparabrisas:** son dos varillas que se mueven y limpian el parabrisas de un coche (pág. 54).

**limpio, limpia:** es lo contrario de *sucio.* Una cosa está limpia cuando no tiene manchas ni suciedad (pág. 13).

**lirio:** es una flor de pétalos abiertos y alargados que casi siempre es de color morado o blanco (pág. 43).

**llegadas:** es la parte de un panel de información que dice a qué hora llegan los trenes o los aviones (pág. 56).

**lleno, llena:** es lo contrario de *vacío.* Una cosa está llena cuando ya no cabe nada más dentro de ella (pág. 38).

**llorar:** es echar lágrimas por los ojos cuando sentimos miedo, pena o dolor (pág. 10).

**lluvia:** es el agua que cae a la tierra desde las nubes (pág. 86).

**lobo:** es un animal parecido al perro que vive en el bosque. Su pelo es de color marrón o gris (pág. 41).

**lomo:** es la parte de arriba del cuerpo de algunos animales. Es como la espalda en las personas (págs. 30 y 31).

**luna:** es el nombre del satélite que tiene la Tierra. La Luna gira alrededor de la Tierra y la vemos porque refleja la luz del Sol (pág. 83).

# m

**madre:** es la mujer que tiene uno o varios hijos (pág. 10).

**maduro, madura:** una fruta está madura cuando ya puede comerse (pág. 44).

**maíz:** es un cereal de granos amarillos que están en una piña llamada mazorca. Con el maíz hacemos palomitas y se fabrica aceite (pág. 45).

**maleta:** es una especie de caja grande con asa donde metemos la ropa, el calzado y las cosas que necesitamos cuando vamos de viaje (pág. 56).

**maletero:** es la parte del coche donde se guardan las maletas (pág. 54). También se llama **maletero** a un hombre que se encarga de trasladar las maletas en un aeropuerto o en una estación (pág. 56).

**manantial:** es agua que sale de la tierra o de entre las rocas (pág. 84).

**mandarina:** es una fruta de color anaranjado más pequeña que la naranja. Tiene gajos y es jugosa y dulce (pág. 44).

**mandíbula:** es cada uno de los dos huesos de la boca donde están los dientes (pág. 35). También se llama **mandíbula** a cada una de las partes duras que forman la boca de la abeja y otros insectos (pág. 38).

**mando a distancia:** es una parte de un aparato que está separada de él. Sirve para encender y apagar un aparato como el televisor, para poner o quitar el color y para otras cosas (pág. 64).

**manguera:** es un tubo de goma largo que se enrosca a un grifo y se usa para echar agua (págs. 47 y 79).

**manillar:** es la pieza que llevan delante las motos y las bicicletas, donde se ponen las manos para conducir (pág. 55).

**mano:** es la parte del cuerpo en que termina cada brazo y tiene cinco dedos. Las personas tenemos dos manos (pág. 6).

**manso, mansa:** un animal es manso cuando no ataca y se deja acariciar (pág. 31).

**manta:** es una tela de lana que se pone en la cama para abrigarnos. Se coloca entre la sábana y la colcha (pág. 16).

**mantel:** es una tela que se pone en la mesa cuando vamos a comer. También hay manteles de plástico y de papel (pág. 19).

**manzana:** es una fruta que tiene la piel verde, roja o amarilla y por dentro es blanca. Hay manzanas dulces y manzanas ácidas (pág. 44).

**manzano:** es el árbol que da manzanas (pág. 42).

**mapa:** es un dibujo que representa la Tierra o una parte de ella (pág. 22).

**maquillar:** es pintar la cara con cremas, colorete, barra de labios y otras pinturas (pág. 67).

**máquina:** es la parte del tren que arrastra a los vagones. También se llama locomotora (pág. 57).

**maquinista:** es la persona que conduce un tren (pág. 57).

**mar:** es una cantidad muy grande de agua salada (pág. 85).

**maraca:** es un instrumento musical que está formado por un mango y una bola que tiene semillas dentro. Se coge una maraca en cada mano y se hacen sonar moviéndolas con ritmo (pág. 69).

**marcador:** es un tablero donde se escriben los nombres de los equipos que juegan un partido y los tantos que van marcando (pág. 71).

**marchita:** una flor está marchita cuando empieza a secarse y se pone fea (pág. 43).

**marearse:** es perder el equilibrio y creer que la cabeza da vueltas. A veces también se sienten náuseas u otro tipo de malestar (pág. 79).

**margarita:** es una flor con un botón amarillo en el centro y pétalos blancos alrededor del botón (pág. 43).

**marino, marina:** es el animal que vive en el mar. Hay tortugas marinas (pág. 34).

**mariposa:** es un insecto que tiene cuatro alas de colores muy bonitos (pág. 37). También se llama **mariposa** a una forma de nadar boca abajo golpeando el agua con los dos brazos hacia adelante (pág. 73).

**marrón:** es el color que tiene la cáscara de la castaña y el tronco de muchos árboles (pág. 24).

**masajista:** es una persona que se dedica a dar masajes (pág. 71).

**material escolar:** es el conjunto de cosas que necesitamos para ir al colegio y se venden en una papelería (pág. 23).

**maullar:** el gato maúlla cuando hace ¡miau, miau! (pág. 30).

**mecánico:** es una persona que se dedica a arreglar las averías de los coches o de las máquinas (pág. 51).

**mediano, mediana:** una cosa es de tamaño mediano cuando no es ni grande ni pequeña (pág. 55).

**mejilla:** es la parte de la cara que está a cada lado de la nariz y debajo de los ojos. Las personas tenemos dos mejillas (pág. 6).

**mejillón:** es un animal con dos conchas de color negro que encierran su cuerpo anaranjado. Vive en el mar pegado a las rocas (pág. 40).

**melocotón:** es una fruta que tiene la piel de color rojizo o anaranjado. Por dentro es jugosa, dulce y con un hueso en el centro (pág. 44).

**melón:** es una fruta grande y de forma alargada. Tiene la piel fuerte, de color amarillo o verde. Por dentro es amarillento o blanco, de sabor dulce y con muchas semillas en el centro (pág. 44).

**membrana interdigital:** es una piel muy fina y elástica que tienen las ranas entre los dedos de las patas (pág. 36).

**mentón:** es la parte de la cara que está debajo de la boca (pág. 6).

**menudo, menuda:** una persona es menuda cuando es delgada y de estatura pequeña (pág. 70).

**mesa:** es un mueble que tiene un tablero y unas patas para sostenerlo (pág. 15).

**mesilla de noche:** es un mueble pequeño que está junto a la cama. Sobre la mesilla de noche se pone el despertador y en los cajones se guardan cosas (pág. 16).

**mesita:** es una mesa pequeña y baja donde podemos tener el teléfono, una lámpara o un adorno (pág. 15).

**metro:** es un tren que nos lleva por la ciudad y va por debajo de las calles (pág. 48).

**micrófono:** es un aparato que se usa para que la voz o los sonidos se oigan más fuerte y mejor (pág. 67).

**miel:** es un alimento muy dulce, espeso y de color marrón claro que fabrican las abejas (pág. 38).

**mil:** es diez veces cien (pág. 26).

**millón:** es mil veces mil (pág. 26).

**mirar:** es ver con atención. Antes de cruzar la calle miramos a los dos lados para que no nos atropelle un coche (pág. 49).

**modelo:** es una persona que trabaja mostrando prendas de vestir, perfumes y otras cosas para hacer anuncios de publicidad (pág. 53).

**moderno, moderna:** es lo contrario de *antiguo.* Un coche es moderno cuando es de la época actual (pág. 54).

**monitor:** es un televisor pequeño que se usa para ver cómo salen las imágenes del programa que se está haciendo en el estudio de televisión (pág. 67).

**monopatín:** es una tabla con dos ruedas por debajo (pág. 62).

**montaña:** es una gran elevación del terreno (pág. 84).

**montar:** es jugar con una construcción haciendo un castillo, un barco y otras cosas (pág. 63).

**morado:** es un color que resulta de mezclar el rojo con el azul. La piel de las berenjenas es de color morado (pág. 25).

**moreno, morena:** una persona es morena cuando tiene la piel y el pelo oscuros (pág. 25).

**morir:** es dejar de vivir. Las personas, los animales y las plantas mueren (pág. 28).

**mostrador:** es una mesa larga para atender a los pasajeros que van a facturar su equipaje y a enseñar su billete en el aeropuerto (pág. 58).

**moteado:** un gato es de piel moteada cuando tiene manchas de color (pág. 21).

**moto:** es un vehículo de dos ruedas con motor. Aunque la llamamos moto, su nombre es motocicleta (pág. 55).

**motor:** es la parte de una máquina o de un vehículo que la hace funcionar (págs. 54 y 55).
El **motor a reacción** es un motor especial que echa un chorro de gases hacia atrás con mucha fuerza y sirve para que un avión se ponga en movimiento (pág. 59).

**muelle:** es la parte del puerto donde se cargan y descargan los barcos (pág. 60).

**mugir:** la vaca muge cuando hace ¡muuu, muuu! (pág. 32).

**multiplicar:** es hacer multiplicaciones (pág. 26).

**muñeca:** es la parte del cuerpo donde se une la mano con el brazo (pág. 6). También se llama **muñeca** a un juguete que tiene forma de niña o de mujer (pág. 63).

**muñeco:** es un juguete que tiene forma de persona o de animal (pág. 63).

**muñequera:** es una tela fuerte que usan los tenistas y otros deportistas para proteger la muñeca (pág. 72).

**músculo:** cada músculo del cuerpo se estira y se encoge. Los músculos, junto con los huesos, nos permiten mover las partes del cuerpo (pág. 7).

**musculoso, musculosa:** una persona es musculosa cuando se le notan mucho los músculos (pág. 7).

**museo:** es un edificio que tiene muchas cosas, antiguas y modernas, ordenadas en habitaciones para que podamos verlas. Hay museos de pintura, de ciencias y de muchas otras cosas (pág. 48).

**muslo:** es la parte de la pierna que empieza en la cadera y termina en la rodilla (pág. 6). Algunos animales también tienen muslo (pág. 30).

# n

**nacer:** es empezar a vivir. Las personas, los animales y las plantas nacen (pág. 28).

**nadar:** es moverse para avanzar en el agua. Todos los peces nadan. Algunos dinosaurios nadaban (pág. 28).

**naranja:** es una fruta que tiene la piel gruesa, de color anaranjado. Por dentro tiene gajos y es jugosa y dulce (pág. 44).

**nariz:** es la parte saliente de la cara que está entre los ojos y la boca. Por la nariz respiramos y notamos los olores (pág. 8).

**natación:** es el deporte que practican las personas que se dedican a nadar (pág. 73).

**nave espacial:** es un vehículo que sirve para viajar por el espacio (pág. 83).

**navegar:** un barco está navegando cuando va por el agua (pág. 60).

**nebulosa:** es una gran nube que se forma en el espacio y se ve brillante cuando le da la luz de las estrellas (pág. 82).

**negro:** una cosa es negra cuando tiene el mismo color que el carbón (pág. 25).

**nervioso, nerviosa:** es lo contrario de *tranquilo.* Una persona está nerviosa cuando está inquieta (pág. 71). Los animales también pueden estar nerviosos (pág. 31).

**nevado, nevada:** un paisaje nevado es un paisaje cubierto de nieve (pág. 86).

**niebla:** es una nube que está muy cerca del suelo y que apenas nos deja ver lo que tenemos delante (pág. 86).

**nieve:** es agua que se ha helado y cae a la tierra en forma de trocitos blancos que se llaman copos (pág. 86).

**nombre:** es cómo se llama una persona. En el sobre de una carta ponemos en primer lugar el nombre de la persona a quien le enviamos la carta (pág. 80).

**noveno:** en una fila de elefantes, el noveno elefante es el que ocupa el puesto número nueve (pág. 27).

**noventa:** es nueve veces diez (pág. 27).

**nube:** es un conjunto de muchísimas gotitas de agua que se aprietan y forman en el aire una masa blanca o gris (pág. 86).

**nublado, nublada:** es lo contrario de *soleado.* El cielo está nublado cuando tiene nubes (pág. 86).

**nuca:** es la parte de atrás del cuerpo donde se une la cabeza con el cuello (págs. 6 y 30).

**nueve:** es ocho más uno (pág. 26).

**nuevo, nueva:** una casa es nueva cuando hace poco tiempo que la han construido (pág. 14).

**nuez:** es un fruto seco de forma redonda envuelto en una cáscara dura. Por dentro tiene muchas arrugas (pág. 44).

**número:** empleamos los números para contar y para sumar, restar, multiplicar y dividir (pág. 26).

**obediente:** la oveja es obediente porque hace caso al perro que cuida el rebaño (pág. 32).

**obrera:** se llaman obreras las abejas que hacen todo el trabajo de la colmena: liban el jugo de las flores, construyen el panal y fabrican la miel (pág. 38).

**ochenta:** es ocho veces diez (pág. 26).

**ocho:** es siete más uno (pág. 26).

**octavo:** en una fila de elefantes, el octavo elefante es el que ocupa el puesto número ocho (pág. 27).

**ocultarse:** es esconderse. Cuando se hace de noche el sol se oculta a nuestra vista (pág. 82).

**oficina de correos:** es un lugar donde podemos comprar sellos, enviar cartas, mandar un fax, poner un telegrama y muchas otras cosas (pág. 80).

**oído:** es la parte del cuerpo que nos permite oír (pág. 8).

**oír:** es notar los sonidos. Oímos el canto de un pájaro, la música, una moto en marcha y muchos otros sonidos (pág. 8).

**ojo:** es la parte del cuerpo que nos permite ver. Las personas tenemos los ojos entre la frente y las mejillas (pág. 9). Casi todos los animales tienen ojos (págs. 30, 35, 37 y 39).
Un **ojo de buey** es cada una de las ventanas redondas que tienen los barcos (pág. 61).

**ola:** es cada onda que forma el viento en el agua del mar (pág. 85).

**oler:** es notar los olores. Olemos el perfume de las flores, la colonia, la comida y muchas otras cosas (pág. 8).

**olfato:** es el nombre del sentido que nos permite oler (pág. 9).

**olivo:** es un árbol que tiene el tronco corto y la copa redondeada. Su fruto es la aceituna (pág. 42).

**olmo:** es un árbol grande de tronco grueso, copa alta y hojas ovaladas que terminan en punta (pág. 42).

**once:** es diez más uno (pág. 26).

**operar:** es abrir una parte del cuerpo de una persona para curarlo (pág. 78).

**ordenado, ordenada:** es lo contrario de *desordenado.* Una mesa está

**ordenada** cuando las cosas están en su sitio (pág. 15).

**ordenador:** es una máquina que tiene un teclado, una pantalla y una memoria que sirve para guardar informaciones y trabajar con ellas (pág. 16).

**ordenar:** es lo contrario de *desordenar.* Ordenamos el armario de los juguetes cuando ponemos cada juguete en su sitio (pág. 63).

**ordeñar:** es sacar la leche que tiene en las ubres una vaca u otros animales (pág. 32).

**oreja:** es la parte de fuera del oído. Las personas tenemos una oreja a cada lado de la cara (pág. 8). Algunos animales también tienen orejas (pág. 30).

**órgano electrónico:** es un instrumento con teclas que se toca con las manos. Algunos órganos electrónicos pueden imitar el sonido de otros instrumentos (págs. 65 y 68).

**oruga:** es un gusano. La mariposa es una oruga antes de convertirse en crisálida (pág. 37).

**oscuro, oscura:** es lo contrario de *claro.* Hay colores oscuros y colores claros (pág. 25).

**oso:** es un animal grande y pesado que tiene el pelo largo y abundante. Hay osos blancos que viven en zonas muy frías y osos pardos que viven en los bosques (pág. 41). Un **oso de peluche** es un juguete blandito con forma de oso (pág. 63).

**otoñal:** un día es otoñal cuando hace fresco, llueve o hay viento como en otoño (pág. 87).

**otoño:** es la estación del año entre el verano y el invierno (pág. 87).

**oveja:** es un animal que tiene el cuerpo cubierto de lana, cuatro patas y cabeza pequeña (pág. 32).

# p

**paciente:** es una persona que está enferma y va al médico para que la cure (pág. 78).

**padre:** es el hombre que tiene uno o varios hijos (pág. 10).

**pala:** la pala se usa para hacer hoyos en la tierra. Tiene una parte de hierro ancha y plana y un mango largo de madera (pág. 47). La **pala de pescado** es un cuchillo con forma de pala. Sirve para cortar el pescado (pág. 19). La **pala de tarta** es un cubierto que se usa para cortar las tartas en trozos y servirlos (pág. 19).

**palco:** es un balcón con asientos que hay en un teatro (pág. 66).

**paleta:** es una pala pequeña (pág. 47).

**palmera:** es un árbol que tiene el tronco fino y esbelto. En lo alto del tronco tiene hojas que se abren en forma de plumas (pág. 42).

**panadería:** es la tienda donde se vende el pan. También hay una panadería en algunos supermercados (pág. 81).

**panal:** es un conjunto de celdillas que hacen las abejas para depositar la miel y poner los huevos (pág. 38).

**pandereta:** es un instrumento musical formado por un aro con una piel tirante arriba. Lleva unas placas de metal que suenan cuando se golpea la pandereta con la mano (pág. 69).

**panel de información:** es un letrero que hay en las estaciones y en los aeropuertos que tiene los horarios de las salidas y las llegadas de los trenes o de los aviones (pág. 56).

**panera:** la panera sirve para poner el pan en la mesa. Puede ser una cesta pequeña (pág. 19).

**pantalla:** es la tela blanca que hay en el cine para ver las películas (pág. 66).

**pantalón:** es una prenda de vestir que cubre cada pierna por separado y llega hasta la cintura (págs. 12 y 74).

**pantorrilla:** es la parte de atrás de la pierna que está entre la rodilla y el tobillo (pág. 6).

**pantufla:** es una zapatilla abierta por la parte de atrás que se usa para estar cómodo en casa (pág. 13).

**papagayo:** es un ave que tiene el pico curvo y las plumas de colores muy vistosos. Algunos papagayos aprenden a repetir palabras (pág. 41).

**papel higiénico:** es un rollo de papel fino que usamos para limpiarnos cuando utilizamos el inodoro (pág. 17).

**papelera:** es un recipiente para tirar los papeles y otras cosas que no sirven (pág. 49).

**paquete:** es una o varias cosas metidas en una caja o envueltas. Algunos paquetes pueden enviarse por correo (pág. 80).

**parabrisas:** es el cristal que hay en la parte de delante de un coche (pág. 54).

**parachoques:** es una barra que llevan los vehículos delante y detrás para que los choques hagan menos daño (pág. 54).

**paralelas:** son dos barras que se usan para hacer gimnasia (pág. 75).

**parar:** es dejar de andar. Los coches se paran ante un semáforo en rojo (pág. 51).

**Parar** es también detener el balón para que no entre en la portería durante un partido de fútbol (pág. 71).

**pararrayos:** es un aparato que se pone en lo alto de algunos edificios para evitar que los rayos caigan sobre las casas o sobre la personas (pág. 86).

**parasaurolophus:** era un dinosaurio que tenía una cresta larga y hueca que le llegaba hasta el cuello. Con sus dientes fuertes podía comer toda clase de plantas (pág. 28).

**pardo, parda:** un gato es pardo cuando tiene un color marrón parecido al color de la tierra (pág. 21).

**pared:** es un conjunto de ladrillos o de otros materiales colocados unos encima de otros. Las paredes cierran una casa y separan las habitaciones (pág. 14).

**párpado:** es la piel que protege cada ojo de las personas y de muchos animales. Cerramos los párpados para dormir (págs. 9 y 34).

**parterre:** es una parte del jardín muy cuidada, con plantas y flores que suelen formar un dibujo (pág. 46).

**partido, partida:** es lo contrario de *entero*. Una tarta está partida cuando se le ha quitado un pedazo o más de uno (pág. 11).

**pasajero, pasajera:** es una persona que viaja en un tren, un autocar o un avión (págs. 57 y 59).

**pasaporte:** es una libreta que tiene nuestra foto, nuestro nombre, nuestra dirección y dice de qué país somos. Necesitamos el pasaporte para viajar a algunos países (pág. 58).

**pasar:** un jugador pasa el balón cuando se lo da a otro jugador (pág. 70). También se puede **pasar** a través de un aro haciendo gimnasia (pág. 75).

**pasarela:** es un pasillo que va desde la terminal del aeropuerto donde están los pasajeros hasta el avión (pág. 58).

**pasillo:** es la parte estrecha y larga que está entre los asientos de un avión, de un tren, de un cine o de un teatro (págs. 59 y 66).

**paso de cebra:** es la parte de la calzada pintada con rayas blancas, por donde pueden cruzar las personas (pág. 49).

**paso elevado:** es un puente que hay sobre las autopistas. Se usa para cruzar la autopista andando (pág. 50).

**pasta:** es un alimento hecho con harina, sal, agua y huevos. Los macarrones, los espaguetis, los tallarines o los fideos son pastas (pág. 81).

**pasta dentífrica:** es una pasta especial que ponemos en el cepillo para limpiarnos los dientes (pág. 17).

**pastel:** es un dulce pequeño de bizcocho o de hojaldre que puede tener crema, nata, chocolate, frutas y otras cosas (pág. 11).

**pastor:** es la persona que cuida un rebaño (pág. 84).

**pata:** los brazos y las piernas de los animales se llaman patas (págs. 30, 34 y 36).
La mariposa tiene seis patas: dos patas delanteras, dos patas segundas y dos patas traseras (pág. 37).

**patata:** la patata tiene una piel fina y marrón. Por dentro es blanca. Se come frita, cocida o asada (pág. 45).

**patín:** es un juguete con ruedas por debajo que se pone en los pies (pág. 62).

**patinar:** es ponerse unos patines y deslizarse por el suelo (pág. 62).

**patio de butacas:** es el piso bajo de un cine o de un teatro donde están las butacas (pág. 66).

**peaje:** es el dinero que se paga para circular por algunas autopistas (pág. 51).

**peatonal:** una calle es peatonal cuando sólo pueden andar por ella las personas (pág. 48).

**pecho:** es la parte delantera de nuestro cuerpo que está entre el cuello y el abdomen (pág. 6).
Algunos animales también tienen pecho (pág. 31).

**pectoral:** es cada uno de los músculos que están en el pecho y cubren las costillas (pág. 7).

**pedal:** es la parte de la bicicleta donde ponemos los pies (pág. 55).

**pedalear:** es mover los pedales para hacer andar la bicicleta (pág. 55).

**pedir:** es decir a una persona que nos dé una cosa. Pedimos un refresco al camarero en la cafetería (pág. 48).

**pegajoso, pegajosa:** la lengua de la rana es pegajosa porque se pegan a ella los animales que caza (pág. 36).

**peinarse:** nos peinamos cuando nos pasamos un peine por el pelo para ordenarlo (pág. 17).

**peine:** es un objeto que tiene una fila de púas y se usa para peinar el pelo (pág. 17).

**pelaje:** es el pelo que cubre el cuerpo de un animal (pág. 30).

**pelar:** pelamos una verdura o una fruta cuando le quitamos la piel (pág. 19).

**película:** es una historia contada con imágenes y sonidos que vemos en el cine o en el televisor (pág. 66).

**peligroso, peligrosa:** cruzar la calle entre los coches es peligroso (pág. 49).

**pelota:** es una bola redonda que se usa para jugar y para hacer deporte. Hay pelotas grandes y pequeñas como las que se usan en el tenis (pág. 72).

**peluquero, peluquera:** es una persona que se dedica a cortar, lavar y arreglar el pelo (pág. 53).

**pensamiento:** es una flor de cuatro pétalos de color violeta y amarillo o de otros colores (pág. 43).

**pepino:** el pepino tiene forma alargada. Su piel es verde. Por dentro es blanco y tiene pepitas. Se come crudo en ensalada (pág. 45).

**pequeño, pequeña:** es lo contrario de *grande.* Un animal o una cosa es pequeño cuando tiene poco tamaño (págs. 35 y 55).

**pera:** es una fruta que tiene la piel fina y puede ser verde o amarilla. Por dentro es blanca, dulce y con unas semillas en el centro (pág. 44).

**percha:** la percha se usa para colgar la ropa en el armario (pág. 16).

**perder el tren:** es no llegar a tiempo para coger el tren (pág. 56).

**perejil:** es una verdura de hojas verdes y pequeñas. Se usa para dar sabor a muchas comidas (pág. 45).

**perfumado, perfumada:** una cosa es perfumada cuando huele muy bien. La violeta es una flor perfumada (pág. 43).

**pérgola:** es un techo de barras que se apoya en unas columnas. En los jardines hay plantas que trepan por la pérgola para dar sombra (pág. 46).

**periodista:** es una persona que trabaja escribiendo noticias y otras informaciones en un periódico, en la radio o en la televisión (pág. 53).

**peroné:** es el hueso de la pierna que está junto a la tibia y va desde la rodilla hasta el tobillo (pág. 7).

**perro:** es un animal que tiene el cuerpo cubierto de pelo, cuatro patas y cola. Puede vivir con las personas y se hace muy amigo de ellas (pág. 30).

**perseguir:** es ir detrás de una persona, de un animal o de una cosa para cogerla (pág. 34).

**persiana:** las persianas están hechas con tiras de madera o de otros materiales y se ponen en las ventanas para que no entre la luz y el calor (pág. 16).

**pesar:** es poner una cosa en una báscula para saber cuánto pesa (pág. 52).

**pescadería:** es la tienda donde se vende el pescado. También hay pescadería dentro de un supermercado (pág. 81).

**pescadero, pescadera:** es una persona que vende pescado en una pescadería (pág. 52).

**pescador:** es una persona que se dedica a pescar (pág. 53).

**pescar:** es sacar peces del agua con una caña, con una red o con otra cosa (págs. 35 y 53).

**pesquero:** es un barco que sólo se usa para pescar (pág. 60).

**pestaña:** es cada uno de los pelitos que están en el borde de los párpados (pág. 9).

**peto:** es la parte de abajo del caparazón que cubre el cuerpo de las tortugas (pág. 34).

**petrolero:** es un barco que sólo transporta petróleo (pág. 60).

**petunia:** es una flor que tiene forma de campanita muy abierta. Hay petunias blancas, rosadas y de otros colores (pág. 43).

**pez espada:** es un pez que tiene la piel áspera, sin escamas, negra por el lomo y blanca por abajo. La parte de arriba de su boca es muy larga y se parece a una espada (pág. 40).

**pezuña:** es la uña dura y partida por delante de los animales que tienen casco (pág. 32).

**piano:** es un instrumento musical que tiene teclas. También tiene una caja con cuerdas dentro que suenan cuando se tocan las teclas (pág. 68).

**piar:** los pollitos o los pájaros pían cuando hacen ¡pío, pío, pío! (pág. 33).

**picar:** es cortar algo en trozos muy pequeños (pág. 18).
También es pinchar con una punta. Las abejas nos pueden **picar** con su aguijón (pág. 38).

**pico:** es la parte saliente y dura de la boca de las aves (pág. 33).

**picotear:** la gallina o los pájaros picotean cuando dan golpecitos con el pico a un alimento para comerlo (pág. 33).

**pie:** es la parte del cuerpo de las personas y de los animales que se apoya en el suelo para andar (pág. 6).
También se llama **pie** la parte de abajo del vientre del caracol que le sirve para andar arrastrándose (pág. 39).

**piel:** es lo que recubre el cuerpo de las personas y de los animales (págs. 8, 32 y 36).

**pierna:** es la parte del cuerpo que va desde la cadera hasta el pie. Las personas tenemos dos piernas (pág. 6).

**pijama:** es una prenda de vestir formada por chaqueta y pantalones que se usa para dormir (pág. 13).

**pila:** es cada uno de los aparatos que sirven para hacer funcionar un reloj, un radiocasete, un transistor, un coche de juguete y otras cosas (pág. 65).

**píldora:** es una medicina que tiene casi siempre forma redonda y se traga o se mastica (pág. 76).

**piloto:** es la persona que conduce un avión (pág. 59).

**pimiento:** es una verdura que tiene forma de saco alargado. Hay pimientos verdes y pimientos rojos (pág. 45).

**pinchar:** es clavar una punta fina en una cosa. Una rueda está pinchada cuando tiene un agujerito y pierde aire (pág. 54).

**pingüino:** es un ave de plumas negras por detrás y blancas por delante. Tiene dos aletas, anda muy recto sobre sus dos patas y también nada. Vive en los polos (pág. 40).

**pino:** es un árbol alto que tiene las hojas en forma de aguja. Su fruto es la piña (pág. 42).

**pintar:** es cubrir una cosa con color. Se puede pintar un dibujo, una pared, una puerta… (pág. 24).

**pintarrajear:** es pintar de cualquier manera y sin tener cuidado (pág. 24).

**pintor:** es una persona que se dedica a pintar paredes, puertas y las demás partes de un edificio (pág. 53).

**piña:** es una fruta que tiene la piel con un dibujo parecido a las escamas y unas hojas duras arriba. Por dentro es jugosa, dulce y de color amarillo (pág. 44).

**piñón:** es cada semilla del pino encerrada dentro de la piña. Los piñones que comemos son de un pino especial que se llama pino piñonero (pág. 44).

**piscina:** es un sitio con agua donde podemos bañarnos y nadar (pág. 73).

**piso:** es cada una de las plantas de un edificio (pág. 48).
También se llama **piso** a cada vivienda que hay en una planta del edificio (pág. 48).

**pista:** es un camino de cemento por donde corren los atletas en una carrera (pág. 75).
También se llama **pista** al sitio donde se juega al tenis y al camino en la nieve que se usa para esquiar (págs. 72 y 74).

La **pista de aterrizaje** es una especie de carretera que hay en los aeropuertos para que despeguen y aterricen los aviones (pág. 58).

Una **pista de coches** es un juguete que se parece a una carretera por donde andan los coches dirigidos por un aparato eléctrico (pág. 63).

**pistacho:** es un fruto seco que está envuelto en una cáscara dura y por dentro es verde (pág. 44).

**pitar:** es hacer sonar un pito. El árbitro pita para señalar una falta, para indicar el final del partido o alguna otra cosa (pág. 71).

**placa:** el caparazón de la tortuga está formado por una serie de piezas unidas. Cada una de esas piezas se llama placa (pág. 34).

**planchado, planchada:** es lo contrario de *arrugado*. Una camisa está planchada cuando no tiene arrugas y ha sido estirada con la plancha (pág. 12).

**planeta:** es el astro que gira alrededor de una estrella. La Tierra, Marte, Júpiter, Venus y otros planetas giran alrededor del Sol (pág. 83).

**plano, plana:** una cosa es plana cuando es lisa. El pie del caracol es plano (pág. 39).

**planta:** los árboles, la hierba o el arroz son plantas. Todas las plantas nacen, crecen dan otras plantas iguales a ellas y mueren (pág. 42).

**plantar:** es meter una semilla o una planta en la tierra para que crezca (pág. 47).

**plastilina:** es una pasta blanda que sirve para hacer figuras. Hay plastilina de muchos colores (pág. 23).

**plátano:** es una fruta que tiene forma alargada y algo curva. Tiene la cáscara amarilla y por dentro es blando y dulce (pág. 44).

**platillo:** es un instrumento musical parecido a dos platos grandes de metal. Se colocan uno en cada mano y se tocan haciéndolos chocar (pág. 69).

**plato:** el plato se usa para poner los alimentos que vamos a comer. Cuando es plano se llama **plato llano**. Si es más hondo y se usa para comidas líquidas, se llama **plato hondo** o **sopero**. El plato pequeño se llama **plato de postre** (pág. 18).

**playa:** es la orilla del mar que tiene arena, donde tomamos el sol y jugamos (pág. 85).

**pluma:** es un tubo muy fino con pelillos suaves a los lados. Todas las aves tienen el cuerpo cubierto de plumas (pág. 33).

**plumífero:** es una cazadora o un chaquetón relleno de plumas que abriga mucho (pág. 12).

**pocilga:** es el sitio donde se tiene a los cerdos (pág. 84).

**podrido, podrida:** una fruta está podrida cuando está estropeada y no se puede comer (pág. 44).

**pollito:** es el hijo de la gallina y el gallo (pág. 33).

**pomada:** es una pasta que se extiende sobre la piel y sirve para curar (pág. 76).

**pomelo:** es una fruta de piel gruesa y de color amarillo. Por dentro tiene gajos, es jugosa y su sabor es amargo (pág. 44).

**ponedora:** una gallina es ponedora cuando pone muchos huevos (pág. 33).

**poner en marcha:** ponemos en marcha la televisión o un juguete cuando apretamos un mando para que empiece a funcionar (pág. 63).

**ponerse:** es lo contrario de *quitarse.* Podemos ponernos una gorra u otra prenda de vestir (pág. 13).

**popa:** es la parte de atrás de un barco (pág. 61).

**portacontenedores:** es el vagón de un tren que transporta contenedores, unas grandes cajas cerradas que llevan aparatos y otras cosas (pág. 57).

**portaequipaje:** es la parte de un vagón del tren donde metemos el equipaje (pág. 57).

**portería:** es la parte de un campo de fútbol donde tiene que entrar el balón para marcar un tanto (pág. 71).

**portero:** es el jugador que defiende la portería de su equipo para que no entre el balón (pág. 71).

**posarse:** una mariposa, un pájaro o una abeja se posan cuando dejan de volar y se paran sobre una cosa (pág. 37).

**poste:** es cada uno de los palos verticales que sostiene la red de la portería de fútbol (pág. 71).

**potro:** es el hijo de la yegua y el caballo. Se llama así hasta que cumple los cuatro años (pág. 31).
También se llama **potro** a un aparato de gimnasia que se usa para saltar (pág. 75).

**presentador, presentadora:** es la persona que presenta un programa de televisión (pág. 67).

**presentar:** es hablar de una cosa o de una persona para que los demás la conozcan (pág. 67).

**primavera:** es la estación del año entre el invierno y el verano (pág. 87).

**primaveral:** un día es primaveral cuando hay sol pero no hace mucho calor como en primavera (pág. 87).

**primero, primera:** en una fila de elefantes, el primero es el que ocupa el puesto número uno (pág. 26).

**primo, prima:** el hijo de tus tíos es tu primo. La hija de tus tíos es tu prima (pág. 10).

**proa:** es la parte de delante de un barco (pág. 61).

**profesor, profesora:** es la persona que se dedica a enseñar a unos alumnos (págs. 22 y 52).

**proyector:** es una máquina que sirve para que podamos ver una película o unas diapositivas sobre una pantalla (pág. 22).

**público:** es el conjunto de personas que van a un cine, a un teatro, a un estadio de fútbol o a otros entretenimientos (págs. 66 y 71).

**pueblo:** es un lugar más pequeño que una ciudad, con menos casas, menos calles y menos habitantes (pág. 84).

**puente:** es un paso en alto que sirve para que los coches pasen de un lado al otro de una autopista (pág. 50).

**puerro:** es una verdura de forma alargada, blanco por abajo y verde por arriba. Tiene un sabor fuerte y suele comerse cocido (pág. 45).

**puerta:** es una hoja de madera, de cristal o de otro material que sirve para abrir y cerrar las casas, las habitaciones o los muebles (pág. 14).

**puerto:** es un lugar en la orilla del mar o de un río donde llegan y salen los barcos (pág. 60).

**pulpo:** es un animal que vive en el mar, tiene ocho tentáculos con ventosas y su cuerpo es blando (pág. 39).

**pupila:** es el punto negro que está en el ojo, dentro del iris (pág. 9).

**pupitre:** es una mesa con asiento que sirve para estudiar y trabajar en clase (pág. 22).

**puzzle:** es un juego que tiene piezas de diferentes formas y hay que encajar unas en otras para formar un dibujo (pág. 63).

 **q**

**quererse:** dos personas se quieren cuando se tienen cariño (pág. 10).

**queso:** es un alimento que se hace con leche de cabra, de vaca o de oveja. Hay muchas clases de quesos (pág. 81).

**quince:** es diez más cinco (pág. 26).

**quinto, quinta:** en una fila de elefantes, el quinto elefante es el que ocupa el puesto número cinco (pág. 26).

**quiosco:** es una tienda pequeña que hay en las calles donde se venden periódicos, flores o golosinas (pág. 49).

**quirófano:** es una habitación de los hospitales y de las clínicas que se usa sólo para operar a los enfermos (pág. 78).

**quitarse:** es lo contrario de *ponerse.* Podemos quitarnos una gorra o cualquier otra prenda de vestir (pág. 13).

 **r**

**rábano:** es una raíz roja por fuera y blanca por dentro. Tiene un sabor picante y se come crudo (pág. 45).

**radar:** es un aparato que sirve para saber a qué distancia está un avión, un barco o un objeto (págs. 58 y 61).

**radiador:** es un aparato formado por tubos por donde pasa agua o vapor muy caliente. Sirve para calentar una habitación (pág. 15).

**radio:** es el hueso que está junto al cúbito y va desde el codo hasta la muñeca (pág. 7).

**radiocasete:** es un aparato que sirve para oír la radio y poner casetes (pág. 16).

**radiografía:** es una especie de fotografía de los huesos y de otras partes de dentro del cuerpo (pág. 78).

**raíz:** es la parte de la planta que está metida dentro de la tierra. La raíz sujeta la planta y toma del suelo los alimentos que la planta necesita (pág. 42).

**rallador:** es un utensilio de cocina que tiene unos agujeros con pinchitos en los bordes. El rallador sirve para rallar pan, queso, zanahorias y otros alimentos (pág. 18).

**rallar:** es pasar un alimento por un rallador para deshacerlo en trocitos muy pequeños (pág. 18).

**rama:** es cada parte de la planta que sale del tronco. En las ramas nacen las hojas, las flores y los frutos (pág. 42).

**rana:** es un animal que vive dentro y fuera del agua. Tiene la piel de color verde, las patas de atrás muy largas y los ojos saltones. Su lengua es larga para atrapar insectos (pág. 36).
Una **rana joven** es una rana que ha dejado de ser renacuajo: ya tiene patas y va poco a poco perdiendo la cola (pág. 36).

**raqueta:** es una pala que tiene unas cuerdas cruzadas y se usa para dar a la pelota en el tenis y en otros deportes (pág. 72).

**rascacielos:** es un edificio muy alto que tiene muchos pisos (pág. 48).

**rasguear:** es tocar la guitarra pasando la punta de los dedos por las cuerdas (pág. 69).

**rastrillo:** es una herramienta que se usa para recoger hojas, hierba y otras cosas. Tiene un mango largo de madera y termina en una especie de peine de metal (pág. 47).

**rayar:** es hacer rayas en un papel o en otra cosa (pág. 24).

**rayo:** es una descarga de electricidad que sale desde una nube hacia el suelo cuando hay tormenta (pág. 86).

**rebanar:** es cortar un alimento en rebanadas o en lonchas (pág. 45).

**rebaño:** es un conjunto de ovejas o de otros animales que se crían juntos (págs. 32 y 84).

**receta:** es un papel donde el médico escribe el nombre de la medicina que debe tomar un enfermo para curarse (pág. 76).

**recoger:** es coger del suelo algo que se ha caído. Recogemos del suelo las hojas que se han caído de los árboles (pág. 87).

**recortado, recortada:** un seto está recortado cuando tiene cortadas las hojas y las ramas a la misma altura o haciendo un dibujo (pág. 46).

**recortar:** es cortar una figura dibujada en un papel, en una revista o en un periódico (pág. 22).

**rectangular:** una pastilla de chocolate es rectangular porque tiene forma de rectángulo (pág. 27).

**rectángulo:** es una figura que tiene dos lados largos iguales que están uno frente a otro y dos lados más cortos e iguales que también están uno frente a otro (pág. 27).

**red:** es un tejido de cuerdas que forma el cesto de baloncesto y las paredes de una portería de fútbol (págs. 70 y 71). También hay una red en el centro de una pista de tenis (pág. 72).

**redil:** es un sitio con vallas donde se tienen las ovejas y las cabras (pág. 32).

**redondo, redonda:** la esfera de algunos relojes es redonda porque tiene forma de círculo (pág. 27).

**refrescarse:** es quitarse el calor con algo fresco. Cuando hace calor nos refrescamos con un baño (pág. 86).

**regadera:** es un recipiente grande con un tubo largo terminado en una especie de ducha. La regadera sirve para regar las plantas (pág. 47).

**regalar:** es dar una cosa a una persona para demostrarle cariño y simpatía. Se puede regalar un libro, un juguete, unos dulces, un disco y muchas cosas más (pág. 11).

**regalo:** es lo que le damos a una persona para demostrarle cariño y simpatía. Cuando cumplimos años suelen hacernos regalos (pág. 11).

**regar:** es echar agua a las plantas (pág. 47).

**regla:** es una barra de plástico o de madera que sirve para medir y para trazar líneas rectas (pág. 23).

**reina:** es la abeja hembra que sólo pone los huevos y tiene las crías. La abeja reina no hace el panal ni fabrica la miel (pág. 38).

**reír:** es demostrar con risas que una cosa nos hace gracia (pág. 10).

**relinchar:** el caballo relincha cuando hace ¡jiii, jiii! (pág. 31).

**reloj:** es una máquina que sirve para saber qué hora es (págs. 22 y 56).

**remar:** es mover los remos de una barca para que se mueva (pág. 85).

**remolacha:** es la raíz de una planta. Tiene forma redonda, es roja y de sabor dulce. Se come cocida (pág. 45).

**remolcador:** es un barco que sirve para arrastrar a otros barcos (pág. 60).

**remolcar:** es arrastrar un vehículo tirando de él (pág. 51).

**remover:** es mover algo dándole vueltas. La tierra se remueve antes de sembrar o plantar algo (pág. 47).

**renacuajo:** es la cría de la rana que ha salido del huevo. El renacuajo tiene cola pero no tiene patas (pág. 36).

**reptar:** es andar arrastrando el cuerpo sobre el suelo como hace la serpiente (pág. 34).

**resbaladizo, resbaladiza:** algunos peces tienen la piel resbaladiza y por eso se escurren de las manos cuando intentamos cogerlos (pág. 35).

**rescatar:** es salvar a una persona o a un animal de un peligro, como por ejemplo de un incendio (pág. 79).

**resguardarse:** es ponerse en un sitio para protegerse de algo. El pulpo se resguarda para protegerse de un enemigo (pág. 39).

**respirar:** respiramos cuando cogemos aire por la nariz y después lo despedimos (pág. 73).

**restar:** es hacer restas (pág. 26).

**revisor:** es una persona que se encarga de mirar los billetes a los viajeros de un tren (pág. 57).

**revolotear:** es volar alrededor de una cosa (pág. 37).

**revolver:** es mover mucho una cosa dándole vueltas. Revolvemos los huevos con leche, sal y harina para hacer tortitas (pág. 18).

**río:** es una corriente de agua que va por la tierra hasta el mar o hasta otro río (pág. 84).

**robot:** es un muñeco mecánico que funciona con pilas (pág. 63).

**rodilla:** es la parte que está en el centro de la pierna y que nos permite doblarla (pág. 6).

**rodillera:** es una funda de tela fuerte que se ponen los deportistas para proteger la rodilla (pág. 70).

**rojo:** es un color del arco iris. Las amapolas y la sangre son de color rojo (pág. 25).

**rosa:** es el color que resulta de mezclar el rojo con el blanco. Hay cosas de color rosa, como un vestido, una camisa o un rotulador (pág. 24). También se llama **rosa** a la flor del rosal (pág. 43).

**rubio, rubia:** una persona es rubia cuando tiene el pelo de color dorado o amarillo (pág. 6).

**rueda:** es cada parte de un vehículo que se apoya en el suelo y da vueltas para que ande (pág. 55).

**ruidoso, ruidosa:** es lo contrario de *silencioso*. Una calle es ruidosa cuando tiene mucho ruido de motos, de coches, de sirenas… (pág. 48).

# S

**sábana:** es una tela que se pone en la cama sobre el colchón y debajo de la manta o de la colcha. Nos acostamos entre dos sábanas (pág. 16).

**sacacorchos:** es un utensilio de cocina que sirve para quitar el corcho de las botellas (pág. 18).

**sacapuntas:** el sacapuntas sirve para sacar punta y afilar las minas de los lápices (pág. 23).

**sacudir:** es mover una cosa varias veces de arriba abajo o de un lado a otro. Para tocar las maracas hay que sacudirlas (pág. 69).

**sala de máquinas:** es la parte de un barco donde están los motores y otras máquinas (pág. 61).

**salidas:** es la parte de un panel de información que dice a qué hora salen los trenes o los aviones (pág. 56).

**salir:** es lo contrario de *entrar*. Salimos de un lugar cuando estábamos dentro y nos vamos (pág. 66).
Cuando termina la noche y amanece, decimos que empieza a **salir el sol** (pág. 82).

**salón:** es una habitación de la casa que se usa para estar, para ver la televisión y para recibir a los amigos (pág. 15).

**saltar:** saltamos cuando levantamos al mismo tiempo los dos pies del suelo (págs. 6, 74 y 75).
Algunos animales también saltan (pág. 36).

**saltarín, saltarina:** un gorrión es saltarín porque anda a saltos y se mueve mucho (pág. 33).

**salto:** un atleta da un **salto de altura** cuando salta por encima de una barra.
Un **salto de pértiga** es un salto por encima de una barra muy alta con la ayuda de una pértiga (pág. 75).

**saltón, saltona:** los ojos de las ranas son saltones porque se ven mucho y parece que se salen de su sitio (pág. 36).

**salud:** es lo contrario de *enfermedad*. Una persona tiene salud cuando no está enferma y se siente bien (pág. 76).

**sandía:** es una fruta grande que tiene una cáscara verde y gruesa. Por dentro es roja, jugosa y dulce con muchas pepitas negras (pág. 44).

**sano, sana:** una fruta está sana cuando no está estropeada (pág. 44).

**sardina:** es un pez pequeño y de cuerpo alargado que vive en el mar (pág. 35).

**satélite artificial:** es una máquina que se lanza al espacio desde la Tierra y gira a su alrededor. Sirve para estudiar el clima, para transmitir programas de televisión de un país a otro y para otras cosas (pág. 83).

**saxofón:** es un instrumento musical que tiene un tubo doblado con forma de letra jota. Se toca soplando (pág. 69).

**secador:** es un aparato que sirve para secar el pelo cuando está mojado (pág. 17).

**secarse:** nos secamos cuando nos pasamos una toalla por el cuerpo para quitarnos el agua (pág. 17).
También **se seca** una planta cuando se queda sin agua porque no la regamos o porque no llueve (pág. 42).

**segundo, segunda:** en una fila de elefantes, el segundo es el que ocupa el puesto número dos (pág. 26).

**seguro, segura:** cruzar la calle con el semáforo en verde es seguro (pág. 49).
Se llama **seguro** un aparato que tienen las puertas de los coches para que no puedan abrirse en marcha (pág. 54).

**seis:** es cinco más uno (pág. 26).

**sellar:** es poner un sello en un sobre o en un escrito (pág. 80).

**sello:** es un cuadrado o un rectángulo pequeño de papel con un dibujo que pegamos en el sobre para enviar una carta por correo (pág. 80).

**semáforo:** es un aparato con tres luces que nos avisan a nosotros y a los vehículos si se puede pasar (pág. 49).

**sembrar:** es meter las semillas en la tierra para que crezcan las plantas. Se pueden sembrar patatas, tomates, judías y muchas otras plantas (pág. 84).

**semilla:** es la parte de la planta que está dentro de los frutos. La semilla se mete en la tierra para que nazca una planta nueva (pág. 46).

**sentarse:** nos sentamos en una silla, en un sofá, en un sillón, en una butaca o en otro sitio (pág. 15).

**sentido:** las personas tenemos cinco sentidos: la vista, el oído, el olfato, el gusto y el tacto (pág. 9).

**separado, separada:** es lo contrario de *juntos.* Las casas en el campo están separadas (pág. 14).

**séptimo, séptima:** en una fila de elefantes, el séptimo elefante es el que ocupa el puesto número siete (pág. 27).

**serpiente:** es un animal que no tiene patas y anda arrastrando su cuerpo por el suelo (pág. 34).

**servicio:** es una habitación que tiene cabinas con inodoros y varios lavabos. En las estaciones y en los aeropuertos hay un servicio para los hombres y otro para las mujeres (pág. 56).
Dar un **servicio** es ofrecer cosas que necesita la gente. El hospital es un servicio porque nos da asistencia médica. Los bomberos, el correo y el supermercado también son servicios y hay muchos servicios más (pág. 78).

**servilleta:** es un trozo de tela o de papel que usamos para limpiarnos la boca y los dedos mientras comemos (pág. 19).

**sesenta:** es seis veces diez (pág. 26).

**setenta:** es siete veces diez (pág. 26).

**seto:** es una valla que se hace con plantas (pág. 46).

**sexto, sexta:** en una fila de elefantes, el sexto elefante es el que ocupa el puesto número seis (pág. 27).

**siete:** es seis más uno (pág. 26).

**sifón:** es un tubo que tiene el pulpo en el cuerpo. El agua entra y sale por el sifón y le permite moverse (pág. 39).

**silencioso, silenciosa:** es lo contrario de *ruidoso.* Una calle es silenciosa cuando tiene pocos ruidos (pág. 48).

**silla:** es un asiento con respaldo que tiene casi siempre cuatro patas. Sirve para sentarse una sola persona (pág. 15).

**sillín:** es el asiento de una bicicleta (pág. 55).

**sillón:** es un asiento blando, con respaldo y puede tener brazos. Es más grande que una silla y sirve para sentarse una sola persona (pág. 77).

**silo:** es un sitio cerrado donde se guarda el grano de los cereales (pág. 84).

**sobre:** es un papel doblado y pegado con forma de bolsa plana donde se mete la carta que enviamos por correo (pág. 15).

**socorrista:** es la persona que ayuda a los bañistas cuando están en peligro en la playa y en la piscina (pág. 85).

**sofá:** es un asiento blando y cómodo, con respaldo, brazos y patas cortas. Sirve para sentarse varias personas (pág. 15).

**sol:** es la estrella que da luz y calor a la Tierra y que vemos brillar durante el día (pág. 82).

**soleado:** es lo contrario de *nublado.* Hace un día soleado cuando hay sol (pág. 86).

**sombrilla:** es una especie de paraguas grande que usamos para protegernos del sol (pág. 85).

**sopera:** la sopera se usa para servir la sopa y otros alimentos líquidos (pág. 19).

**soplar:** es echar aire por la boca. Para tocar la trompeta, el trombón y otros instrumentos hay que soplar (pág. 69).

**subir:** es lo contrario de *bajar.* Subimos los escalones y las cuestas cuando vamos hacia arriba (pág. 14).

**sucio, sucia:** es lo contrario de *limpio.* Una cosa está sucia cuando tiene manchas o polvo (pág. 13).

**sudar:** sudamos cuando tenemos mucho calor y notamos la piel mojada (pág. 86).

**sumar:** es hacer sumas (pág. 26).

**sumergirse:** es meter completamente el cuerpo en el agua (pág. 39).

**supermercado:** es una tienda grande donde hay casi todo lo que tenemos que comprar para comer y para limpiar (pág. 81).

**suplente:** es un jugador que está sentado y sale a jugar en lugar de otro jugador de su mismo equipo (pág. 70).

 **t**

**tabla:** es una pieza plana sobre la que se sube una persona y se deja llevar por las olas (pág. 85).

**tablero:** es un cuadrado de madera o de otro material que sirve para jugar al ajedrez, al parchís y a otros juegos (pág. 63).
También es un **tablero** el que sujeta el cesto del baloncesto (pág. 70).

**tablón de anuncios:** es un cuadrado de madera o corcho que se cuelga en la pared para poner anuncios, fotos, carteles y otras cosas (pág. 22).

**tacto:** es el nombre del sentido que nos permite saber si una cosa está fría o caliente, si es dura o blanda (pág. 8).

**tambor:** es un instrumento musical que tiene la forma de una caja redonda con una piel muy tirante arriba y abajo. Se toca golpeando la piel con unos palillos (pág. 69).

**taparse:** nos tapamos cuando nos cubrimos con la ropa de la cama (pág. 16).

**taquilla:** es una ventanilla que hay en las estaciones donde compramos los billetes para viajar (pág. 56).

**tarjeta de crédito:** es un plástico pequeño que se usa para pagar con ella y no llevar dinero (pág. 81).

**tarjeta postal:** es una cartulina que tiene en un lado una foto o un dibujo y en el otro lado podemos escribir para enviarla después por correo (pág. 80).

**tarta:** es un pastel grande que se hace con harina, azúcar, leche, huevos y otros alimentos. Hay tartas de chocolate, de crema, de almendras, de nata, de yema y de otros sabores (pág. 11).

**taxista:** es una persona que se dedica a conducir un taxi (pág. 53).

**taza:** la taza se usa para tomar líquidos calientes, como el chocolate, el café y el té (pág. 19).

**té:** es una planta. Con sus hojas secas y tostadas se prepara una bebida caliente que también se llama **té** (pág. 81).

**teatro:** es un sitio donde vamos a ver una obra que representan unos actores en un escenario (págs. 48 y 66).

**técnico de sonido:** es una persona que ha estudiado y sabe cómo hay que grabar la música, las voces y todos los sonidos (pág. 67).

**tejado:** es la parte de arriba de un edificio por donde se cierra. El tejado es inclinado y con tejas (pág. 14).

**teléfono:** es un aparato que sirve para hablar con una persona que está en otro lugar (pág. 15).

**telegrama:** es un papel con un escrito muy corto que se hace en la oficina de Correos. Desde allí lo transmiten con rapidez al lugar donde se envía (pág. 80).

**telesilla:** es una silla que va por un cable y se usa para llegar hasta lo alto de una montaña o de una pista de esquí (pág. 74).

**televisor:** es un aparato con una pantalla en la que vemos películas, dibujos animados, noticias, deportes y otras cosas (págs. 15 y 64).

**telón:** es parecido a una cortina que tapa el escenario de un teatro para que no se vea lo que hay dentro y se abre cuando empieza la función (pág. 66).

**tenderse:** nos tendemos en la cama o en otro sitio para dormir o para descansar (pág. 6).

**tenedor:** es un cubierto que tiene un mango y termina en cuatro pinchos. Sirve para pinchar los alimentos y llevarlos a la boca (pág. 18).

**tenis:** es el nombre de un deporte que se juega entre dos o cuatro personas con una pelota y raquetas. Cada persona está en un lado de la pista, que tiene una red en el centro (pág. 72).

**tenista:** es una persona que se dedica a jugar al tenis (pág. 72).

**tentáculo:** es cada uno de los brazos largos y blandos que tiene el pulpo, que le sirven para moverse y para agarrar sus presas.
También se llama **tentáculo** a cada uno de los cuatro cuernecillos que tiene el caracol en la cabeza (pág. 39).

**tercero, tercera:** en una fila de elefantes, el tercero es el que ocupa el puesto número tres (pág. 26).

**termómetro:** es un aparato que nos ponemos para saber si tenemos o no tenemos fiebre (pág. 76).

**ternero:** es el hijo de la vaca y el toro (pág. 32).

**terrestre:** es el animal que vive en la tierra. Hay tortugas terrestres (pág. 34).

**tetera:** es una jarra que se usa para servir el té (pág. 19).

**tibia:** es el hueso de la pierna que está junto al peroné, y va desde la rodilla hasta el tobillo (pág. 7).

**tiburón:** es un pez grande que vive en el mar. Tiene unas mandíbulas fuertes con dientes afilados y se alimenta de otros peces (pág. 35).

**tienda:** es un sitio donde se venden cosas (pág. 49).

**tierra:** es el suelo del campo, de una montaña, de un jardín o de otro sitio (pág. 46).
El planeta en que vivimos se llama **Tierra** (pág. 83).

**tigre:** es un animal un poco más grande que el león. Tiene el pelo corto, de color amarillo con rayas negras (pág. 41).

**tijeras:** es una herramienta que tiene dos cuchillas afiladas y cruzadas, unidas por un clavo. Con las tijeras de jardín se puede recortar el seto o cortar ramas delgadas (pág. 47).

**timbal:** es un instrumento musical parecido a un tambor muy grande y curvo por debajo. Se toca golpeándolo con unos palillos especiales (pág. 68).

**timbre:** es un aparato que suena y sirve para llamar en las casas (pág. 14).
Las bicicletas tienen un timbre para avisar cuando pasan cerca de las personas o cuando puede haber algún peligro (pág. 55).

**timón:** es una pieza que tienen los barcos en la parte de atrás. Moviendo el timón hacia un lado o hacia otro se cambia la dirección del barco (pág. 61).

**tío, tía:** el hermano de tu mamá es tu tío. También es tu tío el hermano de tu papá. La hermana de tu mamá es tu tía. También es tu tía la hermana de tu papá (pág. 10).

**tiranosaurio:** era un dinosaurio que tenía las patas traseras más largas que las delanteras, la cabeza grande y dientes poderosos. Era un animal feroz y muy grande. Se alimentaba de otros dinosaurios (pág. 29).

**tirar:** es lanzar una cosa. Podemos tirar una pelota con los pies o con las manos (pág. 71).

**tiza:** es una barrita blanca o de color que sirve para escribir en el encerado (pág. 22).

**toalla:** es un trozo de un tejido especial que usamos para secarnos el cuerpo y el pelo (págs. 17 y 85).

**tobillo:** es la parte del cuerpo donde se une la pierna con el pie (pág. 6).

**tobogán:** es un juego que tiene una escalera y una pista inclinada. Subimos por la escalera y nos deslizamos por la pista (pág. 62).

**tocadiscos:** es un aparato que sirve para escuchar la música que tienen grabada los discos (pág. 22).

**tocar:** es poner la mano sobre una cosa (pág. 8).
También podemos **tocar** una campana o un piano y hacerlos sonar (págs. 15 y 65).

**tomar el pulso:** es sostener la muñeca de un enfermo y contar los latidos del corazón para saber si funciona con normalidad (pág. 78).

**tomate:** el tomate es redondo, rojo, jugoso con una piel muy fina y con muchas semillas dentro (pág. 45).

**tórax:** es la parte de nuestro cuerpo que también llamamos pecho. La mariposa y la abeja tienen el tórax entre la cabeza y el abdomen (págs. 37 y 38).

**tormenta:** es un cambio de tiempo con lluvia, viento, truenos y relámpagos. También hay tormentas de nieve o de granizo (pág. 86).

**torno:** es un aparato que utilizan los dentistas para limpiar o limar los dientes o las muelas (pág. 77).

**torre de control:** es una torre que hay en los aeropuertos para ver las pistas y dirigir a los aviones (pág. 58).

**tortuga:** es un animal que tiene el cuerpo protegido por un caparazón (pág. 34).

**toser:** es echar el aire de los pulmones por la boca con fuerza haciendo ruido (pág. 76).

**tostadora:** es un aparato que sirve para tostar el pan cortado en lonchas (pág. 19).

**trabajador, trabajadora:** una persona es trabajadora cuando trabaja mucho. También hay animales trabajadores, como las abejas (pág. 38).

**trabajar:** es hacer un trabajo (pág. 52).

**trabajo:** es la tarea que hace una persona. Casi siempre recibe un dinero a cambio del trabajo que hace (págs. 52 y 53).

**tractor:** es un vehículo que se usa para trabajar en el campo. Tiene un motor muy fuerte que puede tirar de un arado o de otras máquinas (pág. 84).

**tractorista:** es la persona que se dedica a conducir un tractor en el campo (pág. 53).

**tragar:** es pasar un alimento, una medicina u otra cosa desde la boca hacia el interior del cuerpo (pág. 35).

**trampolín:** es una tabla que hay en las piscinas para subirse a ella, saltar y tirarse al agua (pág. 73).

**tranquilo, tranquila:** una persona es tranquila cuando no se pone nerviosa (pág. 10).

**transformarse:** es cambiar. El renacuajo se transforma en rana joven y la rana joven se transforma en rana adulta (pág. 36).

**transistor:** es una radio pequeña que funciona con pilas (pág. 65).

**transporte:** cuando nos subimos a un tren, al metro, al autobús, a un barco, a un avión o a un coche, nos subimos en un transporte (pág. 54).

**trece:** es diez más tres (pág. 26).

**treinta:** es tres veces diez (pág. 26).

**tren:** es un conjunto de vagones tirados por una locomotora (págs. 56 y 57).
Se llama **tren de mercancías** al tren que lleva minerales, cisternas de petróleo, contenedores con aparatos, coches y otras cosas, pero no lleva pasajeros (pág. 57).
Se llama **tren de pasajeros** al tren que sólo lleva personas (pág. 57).
Se llama **tren de aterrizaje** a las ruedas que tiene un avión y que le sirven para rodar por la pista (pág. 59).

**trepar:** es subir a un árbol o a otra cosa agarrándose con las manos y los pies (pág. 62).

**tres:** es dos más uno (pág. 26).

**triangular:** una escuadra es triangular porque tiene forma de triángulo (pág. 27).

**triángulo:** es una figura formada por tres lados (pág. 27).

**triceratops:** era un dinosaurio que tenía la cabeza protegida por una capucha de huesos y tres cuernos: dos sobre los ojos y uno sobre la nariz. Con sus dientes afilados podía comer plantas duras (pág. 28).

**triciclo:** es un juguete parecido a la bicicleta, con asiento, pedales y tres ruedas (pág. 62).

**triste:** es lo contrario de *contento.* Una persona está triste cuando tiene pena y no tiene ganas de reír (pág. 10).

**trombón:** es un instrumento musical parecido a una trompeta grande. Se toca soplando (pág. 69).

**trompa:** es la parte de la cabeza de algunos insectos por donde pueden chupar (pág. 37).

**trompeta:** es un instrumento musical en forma de tubo que se va ensanchando y termina muy abierto. Se toca soplando (pág. 69).

**tronco:** es la parte del cuerpo de las personas y de los animales sin la cabeza, los brazos ni las piernas o patas (pág. 36).
También se llama **tronco** a la parte del árbol que está entre la raíz y las ramas (pág. 42).

**trotar:** el caballo trota cuando anda a paso ligero dando pequeños saltos (pág. 31).

**tubo de escape:** es un tubo por donde salen humos y gases que está en la parte de atrás de una moto y de otros vehículos (pág. 55).

**tulipán:** es una flor que tiene seis pétalos cerrados. Hay tulipanes de color rojo, amarillo, rosa y de otros colores (pág. 43).

**tumbarse:** nos tumbamos cuando estamos en la cama. También podemos tumbarnos en otro sitio (pág. 15).

**tumbona:** es un asiento largo para apoyar todo el cuerpo. Se usa en la playa para estar tumbado (pág. 85).

**túnel:** es un hueco que se hace dentro de una montaña para que los vehículos pasen por debajo (pág. 50).

 U

**ubre:** es cada una de las mamas de un animal que da leche (pág. 32).

**universo:** es el conjunto de estrellas, planetas y todos los demás astros y el espacio donde están (pág. 82).

**uno:** es el número que indica que hay una sola persona o una sola cosa (pág. 26).

**untar:** es cubrir una cosa con una crema o con una pasta. Nos untamos bronceador en la piel para protegerla del sol y para ponernos morenos (pág. 85).

**uña:** es la parte dura que cubre y protege la punta de los dedos de las personas y de muchos animales (págs. 33 y 34).

**uva:** es una fruta pequeña, de sabor dulce, con mucho zumo. Las uvas forman racimos (pág. 44).

 V

**vaca:** es un animal que tiene la piel cubierta de pelo grueso, cuatro patas, la cabeza con cuernos, una cola larga y da leche (pág. 32).

**vacío, vacía:** es lo contrario de *lleno*. Una cosa está vacía cuando no tiene nada dentro (pág. 38).

**vagón cisterna:** es el vagón de un tren que transporta grandes cantidades de líquidos, como leche, petróleo o vinos (pág. 57).

**vagón de mineral:** es el vagón de un tren que transporta sólo hierro, carbón, piedras y otros materiales como ésos (pág. 57).

**vagón portacoches:** es el vagón de un tren que transporta coches o camiones (pág. 57).

**vagón restaurante:** es el vagón de un tren donde se sirven comidas y bebidas. Tiene mesas, sillas y una cocina (pág. 57).

**valla:** es un conjunto de tablas que se colocan rodeando una casa, un jardín y otros lugares (págs. 14 y 46).

**vaso:** el vaso se usa para beber (pág. 18). También usamos un vaso para enjuagarnos la boca cuando nos está atendiendo el dentista (pág. 77).

**veinte:** es dos veces diez (pág. 26).

**vela:** es un palo de cera con un cordón dentro que se puede encender y da luz (pág. 11).

**velero:** es un tipo de barco que se mueve por la fuerza que hace el viento en las velas (pág. 60).

**veloz:** un vehículo es veloz cuando puede ir muy rápido (pág. 54).

**venenoso, venenosa:** una cosa es venenosa cuando tiene veneno. Algunas serpientes tienen veneno y pueden causar mucho daño cuando muerden (pág. 34).

**ventana:** es un hueco que hay en la pared de las habitaciones. Se cierra con unas puertas de cristal. Por la ventana entra el aire y la luz (pág. 14).

**ventanilla:** es cada ventana de un coche, de un vagón del tren, de un avión o de un autocar (págs. 57 y 59). También se llama **ventanilla** a una ventana pequeña que hay en una oficina de correos o en otros sitios donde se atiende al público (pág. 80).

**ventosa:** es cada parte redonda y hueca de los tentáculos del pulpo que le sirve para sujetarse (pág. 39).

**ventoso, ventosa:** un día es ventoso cuando hace viento (pág. 86).

**ver:** es notar por la vista las formas, el tamaño y los colores de las cosas (pág. 8).

**veraniego:** un día es veraniego cuando hace mucho calor como en verano (pág. 87).

**verano:** es la estación más calurosa del año, entre la primavera y el otoño (pág. 87).

141

**verde:** es un color del arco iris. La hierba es de color verde (pág. 24). También se dice que una fruta está **verde** cuando todavía no se puede comer porque no está madura (pág. 44).

**verdura:** es el conjunto de plantas frescas que comemos. Las acelgas, las alcachofas o las lechugas son verduras (págs. 45 y 81).

**vestido:** es una blusa, un pantalón, un jersey y todas las cosas que nos ponemos para vestirnos (págs. 12 y 13).

**vestirse:** es lo contrario de *desnudarse*. Nos vestimos por la mañana cuando nos levantamos y nos ponemos la ropa (pág. 12).

**veterinario, veterinaria:** es una persona que ha estudiado para dedicarse a curar animales (pág. 52).

**vía:** es cada una de las barras de hierro por las que van las ruedas de un tren (pág. 57).

**vídeo:** es un aparato que graba imágenes y sonidos en una cinta. Después vemos en la pantalla de un televisor lo que se ha grabado (pág. 64).

**videocasete:** es una caja cerrada que tiene dentro una cinta de vídeo (pág. 64).

**videoconsola:** es una máquina que tiene una pantalla y que usamos para jugar con un videojuego (pág. 64).

**videojuego:** es un juego que está grabado y que se juega con una consola o en un ordenador (pág. 63).

**viejo, vieja:** es lo contrario de *joven*. Una persona es vieja cuando tiene muchos años (pág. 10). También es lo contrario de *nuevo*. Una casa está vieja cuando se nota que hace tiempo que la han construido y está estropeada (pág. 14).

**viento:** es aire que se mueve. Hay días que hace mucho viento (pág. 86).

**vigilar:** es mirar con mucha atención una cosa sin perderla de vista (pág. 35).

**violeta:** es un color del arco iris (pág. 25). Es el color de una flor pequeña y perfumada que también se llama **violeta** (pág. 43).

**violín:** es un instrumento musical parecido a una guitarra pequeña. Se toca apoyándolo entre el hombro y el mentón y pasando un arco sobre las cuerdas (pág. 68).

**violonchelo:** es un instrumento musical más grande que un violín. Se toca apoyándolo en el suelo y pasando un arco sobre las cuerdas (pág. 68).

**vista:** es el nombre del sentido que nos permite ver (pág. 9).

**vistoso, vistosa:** una cosa es vistosa cuando nos llama la atención por su color o por su forma. Las alas de las mariposas son vistosas (pág. 37).

**volante:** es la rueda que hay en un coche frente al asiento del conductor y sirve para dirigir el vehículo (pág. 54).

**volar:** es moverse por el aire como los pájaros y las mariposas. Algunos dinosaurios volaban (pág. 28). Los aviones también vuelan (pág. 59).

**vomitar:** es echar por la boca la comida que nos ha sentado mal (pág. 76).

# W

**walkman:** es un magnetófono pequeño que funciona con pilas y sirve para escuchar una cinta con unos auriculares (pág. 64).

**X**

**xilófono:** es un instrumento musical que tiene una serie de tablas de madera o de metal de distinto tamaño. Se toca golpeando las tablas con unos palillos especiales (pág. 68).

**Z**

**zambullirse:** es meterse de golpe debajo del agua (págs. 36 y 73).

**zanahoria:** es la raíz de una planta. Es alargada, anaranjada y tiene un sabor dulce (pág. 45).

**zángano:** es el macho de la abeja reina (pág. 38).

**zapatear:** es dar golpes con los zapatos en el suelo como se hace en algunos bailes (pág. 68).

**zapatilla:** es un calzado cómodo que nos ponemos para estar en casa, para caminar o para hacer deporte (pág. 12).

**zapato:** es el calzado que nos ponemos en los pies y suele ser de cuero (pág. 12).

**zarpar:** es marcharse un barco del sitio donde estaba parado (pág. 60).

**zumo:** es el líquido que se saca al exprimir o triturar las frutas y algunas verduras (pág. 11).